10分あれば書店に行きなさい

齋藤 孝

メディアファクトリー新書　058

メディアファクトリー新書　058

10分あれば書店に行きなさい　目次

終章　分水嶺の時代

『10分あれば書店に行きなさい』制作者

著者
齋藤 孝

カバーイラスト
つくし

カバー著者写真
加藤義一

本文図版
アート工房

本文DTP
小川卓也（木蔭屋）

校正
石上博美

装丁
下平正則

取材・構成
島田栄昭

編集
江守敦史（メディアファクトリー）

編集長
安倍晶子（メディアファクトリー）

序章

書店の潜在能力を、あなたは知らない

◆モチベーションの源泉は「場」にある

世の中には、東大合格者を何人も輩出するような、いわゆる進学校が少なからずある。もともと優秀な生徒が集まっていることは間違いないが、それだけではない。彼らは「全然勉強してない」と口では言いつつ、実は1日10時間以上も平気で机に向かっていたりする。そのモチベーションは、どこから来るのだろうか。

おそらくその秘密は、進学校に漂う「猛勉強するのが当たり前」という空気にある。周囲が必死に勉強していれば、自分だけサボっているわけにはいかなくなる。「イヤだ」とか「面倒くさい」と思う前に、いわば周囲に「感化」されて自然に勉強を始めてしまうわけだ。こういう環境を提供することこそ、進学校の進学校たるゆえんだろう。

同じことは、社会人についてもいえる。テンションやモチベーションの高い職場に身を置けば、自《おの》ずと仕事にも熱が入るだろう。逆に沈滞ムード漂う職場では、どれほど本人がやる気満々でも、やがて気力を削《そ》がれるはずだ。つまり私たちは、自分が思う以上に、場の影響を受けやすいのである。

ところが、学校にせよ職場にせよ、私たちはそう簡単に環境を選べない。あるいは、普段はいい雰囲気でも、何かのはずみで場が暗転することもあり得る。そういうときは、自分でモチベーションの上がる環境を求めるしかない。

では、それはどこにあるか。最も身近でリーズナブルな場といえば、まず書店である。誰もが気軽に訪れられる空間だが、そのポテンシャルに気づいている人は意外に少ない。書店とは、ただ本や雑誌が整然と並んでいる場所ではないのである。

◆書店は刺激に満ちている

『スイッチ・オンの生き方』（致知出版社）などの著書がある遺伝子研究の第一人者・村上和雄さんによれば、モチベーションを上げる特効薬は「一流」と呼ばれるような人に接することだという。

本来、人間が持っている能力に大きな差はない。差がつくのは、その能力をどれだけ発揮しているか、村上さん流にいえば「ＤＮＡのスイッチをオンにしているか否《いな》か」だそうである。その点、「一流」の人はオンの数が多い。しかも周囲の人のスイッチまでオンにしてしまうらしい。

とはいえ、いつでも「一流」の人が身近にいるとは限らない。あるいはそういう人の情報をインターネットやテレビで見聞きしたとしても、それは断片でしかない。

そこでその「分身」として存在するのが本である。その中には、著者の膨大な情報量と精神力が注ぎ込まれている。その一冊が発するエネルギー量は、人生を変えてしまうほど莫大なものだ。たとえばデカルトの『方法序説』(岩波文庫)など、一見すると薄くて軽い一冊にすぎない。だが私の感覚でいえば、持ったとたんに手が地球の中心まで沈むほどに重い。その価値は、もはや人類にとって危険ですらある。

書店に行けば、そんな「刺激物」と当たり前のように出会える。もちろん『方法序説』だけではない。同じように危険なほど価値の高い本が、無数に平積《ひらづ》みされていたり書棚に収まっていたりする。いわば、現世に生きる人類の知的エネルギーが集積されている場所なのである。

そういう場所に行って、刺激を受けないはずがない。適当に書棚を眺め、興味を惹かれた本を手に取ってパラパラめくりながら「こんな本があるのか」「これは面白そう」と思ったりすれば、それはスイッチがオンになった証拠だ。つまり、きわめて直接的な効果を期待できるのである。

そこで本書では、まず書店に行く行為自体を習慣化することをおすすめしたい。わずかな空き時間や待ち合わせの際はもちろん、通勤・通学の途中、ちょっと気分転換を図《はか》りたいとき、何かのアイデアが必要なとき、モチベーションが下がってきたときなど、サッと近所の書店に立ち寄ってみるのである。わずか10分でも毎日通い続ければ、知的かつ精神的に大きな変化が表れることを約束しよう。

もちろん、最初から心を閉ざしていては、本は紙の束《たば》でしかないし、書店はその置き場でしかない。いかに感性を開いて書店とつき合うか、そして身体《しんたい》が心地よく刺激されるように仕向けるか。それが本書の目指すところである。

◆「ノーブックストア・ノーライフ」

私自身、中学生時代から、書店があればとりあえず入るのがクセだった。学校からの帰りがけに、ほぼ毎日のように立ち寄っていた覚えがある。

ただし、それほどお金は持っていないから、めったには買えなかった。文庫の棚を眺めたり、新刊をチェックしたりしながら、「次はこれを買おう」と考えるだけで楽しかったのである。今にして思えば、こんな日々で得た刺激や知識は計り知れない。

東京大学に進学した後もその延長線上で、これ幸いとばかりに神田神保町《じんぼうちょう》に足しげく通った。ここは、おそらく世界一の書店街だろう。かつて私は、同じく書店街として名高いパリのカルチェ・ラタンへ見学に行き、むしろ神保町のほうが勝っていることを確認して鼻高々《たかだか》で帰国したものである。

神保町が優れているのは、書店の数の多さだけではない。巨大な新刊書店と個性豊かな古書店が共存し、書店街としての奥深さを構成している。古今東西のあらゆる本が揃う街といえば、神保町をおいて他にないだろう。少なくともそう感じさせてくれる時点で、魅力は抜群である。

ついでにいえば、この街を歩いている人の種類も、新宿・渋谷とはいささか趣《おもむき》を異にする。もちろん全員ではないが、いかにも本好きらしい雰囲気を漂わせている人が多い。そういう人が集う街を歩くことで、自分もその知的な一員になれたように錯覚できるのである。さながら知的なエネルギーを発する「パワースポット」の様相を呈しているわけだ。

私が神保町によく通ったのも、単に本を買うためだけではない。森羅万象に関する本に囲まれ、その背後にある偉人たちの膨大な知の営みをリスペクトするため、そして知的好奇心と向上心を喚起してもらうためでもあった。

たとえば当時、私は教育界に革新的な波を起こすべく、数人の仲間と「教育ヌーベルヴァーグの会」なるものをつくっていた。授業のあり方等を根本的に見直し、学校をもっと活気あふれる「学びの場」に変えようという試みだったが、その会合の場は常に神保町の喫茶店だった。別に東大の本郷キャンパス内でも、あるいは本郷界隈《かいわい》の喫茶店でもできたはずだが、わざわざ全員で神保町まで足を運んだ。ひとえに、そのほうがテンションが上がったからである。

あるいは大学院卒業後、私は30歳過ぎまで定職に就かなかったが、そのあり余る時間の多くを書店で過ごしてきたと自負している。そして現在勤める明治大学駿河台《するがだい》キャンパスは、周知のとおり神保町の目と鼻の先。ちょっとした空き時間があれば、フラッと書店巡りをすることは言うまでもない。

そう考えてみると、私のこれまでの人生における書店滞在時間はきわめて長い。その長さは、おそらく国内有数、世界的に見ても稀《まれ》なほどだろう。そういうクセがついているせいか、もはや書店から刺激を受けなければ生きていけない。さながら「ノーブックストア・ノーライフ」が身に染みついているのである。

◆「仕事力」を高めるために

学者は多くの本を読むのが仕事のようなもの。だから書店によく行くのも当たり前——

そう考える人もいるだろう。確かにそういう面もあるが、書店通いが有用なのは学者に限った話ではない。どんな職種であれ仕事をしている人、あるいは「仕事力」を高めたいと考える人にとって書店通いは必須だと思っている。

現代の「仕事力」に求められるものは、大きく二つある。一つはモチベーションであり、もう一つは知的な活動力だ。

前者については、言うまでもないだろう。どれほど能力が高くても、士気が低ければ仕事にならない。場の空気を悪くすることで、周囲にまで迷惑をかけることになる。むしろ基礎的な技術や知識が足りなくても、アントニオ猪木さんではないが「元気があればなんでもできる」のが仕事というものだ。

また後者についても、その要求レベルは日々高くなっている気がする。パソコンやケータイを手足のように使い始めて以来、私たちの仕事量は飛躍的に拡大した。処理能力が高まった分、かつては2~3人で行っていた仕事を一人でこなすようになった感がある。しかも、当然のようにスピードも求められる。

その最たる例がメールだ。人によっては、1日に数百通のやり取りもザラにある。その一つ一つに素早い判断と返信が求められるとすれば、必要な知力・体力は並たいていではないだろう。なおかつ、言われたことだけやっていればいいという時代でもない。切磋琢《せっさたく》磨《ま》してアイデアを出すなり、技術を磨くなりしなければ「仕事力がある」とはみなされない。

しかも、この状況が後戻りすることはあり得ない。仕事量はさらに増え、スピードもさらに求められ、変化する環境のなかで新たな利益獲得の道を模索しなければならない。その動きを止めることは、競争に負けることを意味する。随分ストレスフルな時代であるともいえるだろう。

そんな世の中で、ある種のオアシスとして機能し得るのが書店だ。そこにある一冊一冊には、古今東西の偉人たちの叡知と労力が注ぎ込まれている（そうではない本も多いが）。その山に囲まれるだけで、「仕事力」に必要なモチベーションと知性のシャワーを浴びているに等しい。具体的な活用術については本章に譲るが、まずは書店に対し、そういう認識を持っていただきたい。

◆「わずか10分」を「偉大な10分」に

そしてもう一つ、書店の大きな特徴は、商品の回転がきわめて早いこと。つまり毎日のように新刊が登場し、書棚の様子が少しずつ変わることだ。これほど入れ替わりの激しい業界は、おそらく他に例がないだろう。

そんな商習慣自体には賛否両論あるものの、消費者（読者）にとってはたいへん刺激的だ。心臓が押しつぶされるのではと心配になるほどである。

これは、けっしてオーバーな表現ではない。新刊が出るということは、そこには既刊本にない新たな知見なり事実なりが記されているはずだ。それが大量に並んでいるからには、自分の知らない情報がそれだけあふれているわけである。なかには、社会の常識や自分の価値観をひっくり返すような大発見も含まれているかもしれない。それを知らずに生きるとすれば、随分もったいない気がしないだろうか。

しかも現実には、あまりにも新刊が多すぎて、とてもすべてをフォローし切れない。おそらくは、一生かかっても読み切れないだろう。その焦燥感ないしは絶望感も、書店が発する刺激の一つである。

では、書店に行くと気分が悪くなるのかといえば、そうではない。冒頭に述べたとおり、私たちは常に刺激を求めているからだ。ある種の「イタ気持ちいい感じ」が、そこにはある。

もちろん、もともと本を読まない人、あまり書店に縁のない人なら、いくら書店に行っても何も感じないだろう。それはちょうど、私が妻につき合わされて、デパートの婦人靴売り場で一人立ちすくむ感覚と似ている。一刻も早く立ち去りたいと願うだけだ。

しかし婦人靴に興味がなくても損はしないが、書店の刺激を知らずに生きることは、はっきり言って損である。

たとえば、良質で深い情報を得られることは当然として、一工夫することで話のネタや企画のヒントの宝庫にもなる。読解力や判断力を鍛える「道場」にもなるし、潜在能力を引き出す「パワースポット」にもなる。そしてなにより、現代人に欠かせない「癒しの空間」にもなる。

ただし、これらのメリットを得られるようになるまでには、相応のコツやワザがあることも事実だ。

そこで、書店の魅力を再発見する旅に誘ってみたい。基本的に、本書の提案はたった一つ、「1日最低10分、必ず書店へ行こう」だけだ。人類として初めて月に降り立った宇宙飛行士ニール・アームストロング風にいえば、「日常のなかでは小さな10分だが、継続すると偉大な10分になる」ことを約束しよう。普段通り過ぎたり、何気なく入ったりしている書店が、ぐっと身近に、ときには熱く、ときにはクールな場所に見えてくるに違いない。

第1章

書店で知性と精神力を磨け

◆「知的トレーニング」として書店に通え

私の同世代の友人に、「1年365日のうち300日以上は酒を飲んでいる」と語る者がいる。本人が酒好きであることは間違いないが、それよりも、仕事上で飲まなければ関係を続けられないからだという。

その彼から見ると、仕事の関係者とさほど飲み歩いたりしない私は「不思議なヤツ」ということになるらしい。ずっと学者の世界に身を置いてきた私には、ビジネスパーソンとしてのキャリアは確かにない。それでも今では学者の枠を超え、様々な業界の方と仕事をさせていただいている。

そのプロセスにおいて、認識のギャップを感じることはほとんどない。常にコミュニケーションを図《はか》らなければ情報を得られないという危機感も、一緒に飲まなければ縁が途切れるという焦燥感もない。

こういう自信の背景にあるのは、知的活動のトレーニングを徹底的に行ってきたという自負である。それは何かというと、たとえば日々教壇に立って学生たちと対峙《たいじ》することや、論文や書籍の執筆、それに膨大な読書なども含まれる。しかし、これらとほぼ同じレベルで重要なトレーニングとなっているのが、書店通いなのである。

先に述べたとおり、私たちの日常には知的な刺激が欠かせない。それには、書店に行くのが最も手っ取り早い。飲み会よりモチベーションが高められるし、幅広い情報も得られる。そしてもう一つ重要なのは、刺激に慣れることだ。

日々の仕事は、いやがうえにも常に変化する。そのつど、最適な方法を考えて対応する必要がある。これは大きなストレス要因だろう。しかし刺激に慣れておけば、少なくともあわてふためくことはない。そのトレーニングとして、書店に通う習慣が功を奏するのである。いわば「刺激タフネス」を身につけるわけだ。

ただし、たまに立ち寄る程度ではトレーニングにならない。できれば毎日、ほんの10分でも時間を見つけて訪問する、それをずっと続けることが最低ラインだ。

これは、スポーツのトレーニングと同じ理屈である。かつてジャイアント馬場は、黒柳徹子さんに「スクワットを毎日100回ずつやってください。99回ではダメ」とアドバイスしたことがあるらしい。99回で終えると、翌日に100回できる保証がなくなる。しかし100回やっておけば、翌日も必ず100回できる。そんな説明だったという。黒柳さんはそれを信じ、毎日100回のスクワットを実践されているそうである。

きわめて厳しいノルマのように思えるが、実はそうでもない。続けていると、体が慣れてくるからだ。むしろ、気まぐれに100回行うほうがキツく感じるはずである。

仕事も同様だ。考えてみれば、漁業や農業のように身体《しんたい》的につらそうな仕事でも、80歳を超えてなお現役で働いている方は少なくない。それはひとえに、体が厳しい現場に慣れているからだ。言い換えるなら、脳も体も習慣に順応するのである。

本を毎日読んでいればスピードも上がってくるし、読まないと不自然に感じるようになる。書店にも毎日通えば、刺激に慣れてくる。それによって、「知的体力」を維持することができるのだ。

◆本にあってネットにないもの

情報がほしいだけなら、今やインターネットのほうが便利かもしれない。確かに津々浦々の情報があふれているし、速く簡潔に見ることもできる。それにどんなテーマであれ、玉石混淆《ぎょくせきこんこう》ながら深く掘り下げて調べることもできる。その価値を否定する人は、もはや誰もいないだろう。

それに比べ、本は読み切るまで時間がかかるし、必ずしも最新の情報がわかるわけではない。書き手の思想で100%埋め尽くされ、ネットと違ってインタラクティブ(双方向的）でもない。その意味では、かなり面倒な存在だ。

しかし、だからこそ本には深い価値がある。読書とは、単に字面《じづら》を追って情報を得る作業ではない。その一冊にはディスプレイからは伝わらない、書き手の人格が込められている。わざわざ面倒な思いをしつつ、ときにはイライラしつつ、その人格とつき合うからこそ読書は面白いのである。

その観点でいえば、私は昨今売り出し中の電子書籍にもいささか違和感がある。確かに一つの端末に何千冊、何万冊と収められれば、便利なことは間違いない。しかし、一定の時間を書き手とともに過ごしたという証拠が、形や質感として残らないのはいかにも寂しい。

本にはそれぞれ重さがあり、装幀《そうてい》がある。内容とともにそれらを記憶するから、後々まで印象に残るのである。それを書棚に収めた後も、背表紙が目に触れるたびに内容を思い出すことができる。より深い「つき合い」ができるわけだ。

それはちょうど、ＬＰで音楽を聴く感覚に似ている。盤上にそっとレコード針を落とす動作や、大きなジャケットのデザインまで含めて印象に残る。ｉＰｏｄに１万曲入っていたほうが手軽かもしれないが、それだけ一曲ごとの出会いは薄くなるのではないだろうか。

もっとも、本の場合にはかさばるという問題がある。増えれば増えるほど、居住空間を圧迫しかねない。つまり、自宅に置ける本の量は自《おの》ずと限界があるということだ。

そこで、書店の出番だ。あくまでもイメージの話だが、自宅の書棚に本来あるべき本をキープしてくれている場所、という前提で書店を利用すればよい。いつかは取りにいくが、今はちょっと預けてあるだけと勝手に規定するのである。

そうすると、書店通いの意味も俄然《がぜん》違ってくる。そのうち買おうと思っている本の背表紙は、輝いて見えるはずだ。それを手に取ってパラパラ眺め、また書棚に戻す。常に一緒にいるわけではないが、会えば刺激を与えてくれる友人と話をするようなものである。デジタル情報では、ちょっと味わえない感覚だろう。

私はこれを、学生時代からずっと実践してきた。したがって、ひとたび立ち寄ると人より長居する傾向がある。「書店に時間を割《さ》きすぎではないか」と真剣に悩んだこともあるほどだ。

しかし、この習慣のおかげで、鈍っていた脳が書店ですっきりすることも知ったし、心のモヤモヤが晴れることもわかった。そしてなにより、多少の刺激には動じない図太さも身につけられた。長年の「食べすぎ」によって胃が拡張したことで、清濁《せいだく》併せ呑むぐらいの度量が生まれたのである。

◆日本は「高学歴国」ではないと自覚せよ

とりわけ様々な衰えが懸念される昨今の日本において、個々人が読書体験を重ねる必要性はますます高くなっている。

よく誤解されているが、そもそも日本は高学歴国ではない。大学進学率は高くとも、国際的にはこれを高学歴とは呼ばない。もちろん偏差値の高低でもない。ポイントは大学院への進学率。日本はこれがさほど高くないのである。文明国・先進国のなかでは、せいぜい「中学歴国」といったところだろう。

それに日本の場合、大学院へ進学する者の多くは、大学を卒業した直後の若者だ。その点、北欧などでは、社会を経験している30～40代の者が多い。彼らは大学院で、社会人経験でぶつかった高度な問題意識をバネに専門知識なり技術なりを身につけ、それを糧《かて》として再び社会に戻っていく。あるいは生涯をかけて取り組むような「生きがい」を見つけていく。これが、高学歴社会の層を厚く、良質なものにしているのである。

日本の大学院にもこういう風潮が根づけばいいが、どうも社会全体からそんな余裕が感じられない。だとすれば、いつまでも中学歴国のままだろう。この現実について、私たちはもっと危機感を持つべきである。

これは自分のキャリアを高めるとか、仕事に活かして企業利益の上積みを狙うといった次元の話ではない。端的にいえば、「人生をいかに楽しむか」「生きるエネルギーをいかにして手に入れるか」という問題だ。

たとえば松尾芭蕉は各地を旅したことで有名だが、その先々には、芭蕉の到着を歓迎する俳人たちのグループがあった。その地域も人々もけっして経済的に豊かだったわけではないが、芭蕉に会えるとなれば至上の喜びだったはずだ。

その喜びを味わうには、普段から俳諧《はいかい》に勤《いそ》しむ必要がある。あるいは仲間うちで句会を開いていたかもしれない。それ自体が、日常の楽しみだったに違いない。そして、そんな個々人の知的なエネルギーが、地域の文化をつくっていったのである。

私の「教え子」のなかにも、数は少ないが30～50代の大学生または大学院生がいる。そういう方々に話を伺うと、異口同音に「知的な環境に身を置くことができて幸せ」であるという。当たり前の話だが、「学ぶ」ことは10～20代前半までの特権ではない。むしろ年齢を重ねるほど、学びの存在が心の支えになるのである。

とはいえ、仕事や家庭を持っていると、そう簡単に大学や大学院に行き直すことはできないだろう。しかし書店ならいつでも行けるし、本ならどこでも読める。

私の感覚でいえば、中身のある本を3冊ぐらい読むことは、少なくとも知識量において大学の講義を半年ほど聞くことに匹敵する。それに、一対一の関係で教えを受けているようなぜいたく感もある。さらに優れた本なら、ゼミに参加しているような興奮さえ与えてくれるのである。

読書体験は知識・教養のみならず、精神の安定にも役立つ。いわゆる「ビジネス書」「自己啓発書」と呼ばれるものが典型だ。

しばしばベストセラーに入ることもあるが、正直なところ、かつて私はこれらの本の存在意義がよくわからなかった。たとえばP・F・ドラッカーのマネジメント理論のようにロジカルなものは別として、多くは「がんばれ」「努力すればなんとかなる」といった、ありがちな精神論で埋め尽くされている。誰でも頭ではわかっていることばかりで、いちいち活字として読む必要はないと思っていたのである。

だがある時期から、この見方を改めるようになった。こういう本の読者は、知識や情報を得るためというより、モチベーションを維持するために読んでいるのだ。怠けそうな自分に喝を入れてもらったり、何かで迷っている自分の背中を押してもらったりするわけだ。それはちょうど、私たちがサッカーや野球のようなプロスポーツを観る姿勢と似ている。娯楽としてもさることながら、その選手・監督の活躍や失敗に自らを重ね、心の糧にしようとしているのではないだろうか。

同じく、ビジネス書等によって心のコンディションを整えられるとすれば、その価値は大きい。少なくとも、本にも頼ることなく一人で思い悩んだりするよりは、ずっと健康的で前向きだ。

今や本は、こういう役割も背負っているのである。

◆本のバリエーションの豊かさは世界随一

換言すれば、書店にある本は万人のニーズやシーズ（企業側が求めるアイデアや技術）に応えられるほど充実しているともいえる。

かつて本といえば、買えないために書き写したり、あるいは一冊を手に入れたら後生大事にするほど貴重なものだった。書き手も一部の賢人に限られていたから、読者がそのレベルまで達する必要があった。ハイデッガーやデカルトやニーチェの頭脳に、自分が合わせなければならなかったわけだ。

だが今、本は大幅に進化し、大量生産・大量消費される時代である。それだけ、自分の感性にフィットしたものを選びやすくなっている。賢人たちの本にしても、様々な書き手によって書き換えや解説が行われているから、そのなかから自分のレベルに合ったものを選択すればいい。

その状況は、食文化に似ている。スーパーに行けば食材があふれ、街中では外食産業が激しい「戦争」を繰り広げている。私たちはそれぞれの好みや気分に応じて、おそらく世界中のあらゆるものを食べることができる。これほど豊かな食文化を享受している国は、他にないだろう。

本の世界も同様だ。世界中の知性が、幅広い層に受け入れられるよう切り分けられ、料理され、書店で提供されている。その豊かさは、やはり世界に類を見ない。

食文化の広がりのおかげで、私たちの舌は随分肥えてきた。知人によると、「日本人が真剣に怒るのは食べ物がかかわるときだけ」だという。確かに外食にしろ家庭料理にしろ、「おいしさ」への追求はとどまるところを知らない。テレビでは料理番組がやたらと多く、ひとたび食品関連の企業が不祥事を起こすと過剰なまでに反応する。日本人の「食」へのこだわりは相当なものである。

その「食」に比べると、日本人の本へのこだわりが薄いのは否めない。いくら書店に豊かな「料理」が並んでいても、そこを素通りしてしまっては一生味わう機会はない。私に言わせれば、他においしいものがあるのに稗《ひえ》や粟《あわ》ばかり食べて過ごすようなものである。実にもったいない話ではないだろうか。

◆文系の人は理系のコーナーへ

だいたい書店には、熱帯雨林に似た野性の雰囲気がある。生命力にあふれた様々な動植物が棲《す》み分けて共存し、訪れる者を包み込む。なかには獰猛《どうもう》な動物もいるが、豊かな果実もあり、新薬の原料になるような植物もある。しかも、新陳代謝がきわめて激しい。

たとえばヒトラーの『わが闘争』があるかと思えば、同時にガンジーの自伝やマザー・テレサにまつわる本も数多くある。あるいは新刊本が毎日のように登場し、古い本、売れない本はあっという間に淘汰《とうた》されていく。本の歴史のなかで、これほど入れ替わりの激しかった時代と国はない。ときには良書まで消えて残念に思うこともあるが、これもある意味で「自然の摂理」だ。人類と本との、新たなつき合い方が始まったともいえるだろう。

私たち現代の日本人は、そうした混沌のなかで揉まれるからこそ、野性的な知力を養うことができるのである。

試みに、文科系を自認する人なら理工系のコーナーに足を運んでみていただきたい。もしかすると、そこにある本のほとんどはタイトルすら理解できないかもしれない。それでいいのである。これまでの自分がいかに閉じられた世界で生きてきたか、真の知性というものに触れてこなかったかを実感できるからだ。

あるいは、テレビの教養番組などをきっかけにして、理工系の世界に興味を持つこともあるだろう。宇宙の成り立ちや人体の不思議、数学の世界など、「へぇ〜」と思わずにいられない話は無数にある。

それらについてもう少し詳しく知りたいと思えば、本を探すのが最も正確で簡単だ。ネットで調べる手もあるが、断片情報だったり、偏《かたよ》っていたり、あるいはいきなり専門の論文に行き着いたりしがちになる。知識を得るには、本の形で系統立っていたほうがわかりやすい。

ただし、1冊では心許《こころもと》ない。スタンダードで一般向けに書かれた本を見繕って2〜3冊をざっと読めば、それなりに理解が進むはずだ。食わず嫌いだったことを後悔するに違いない。特に新書や選書なら、幅広いジャンルを平易な文章で扱っている。このあたりから見つけてみるといいだろう。

それが自分のまったく知らない世界だったとすれば、まるで新鮮な空気を吸ったような感覚になる。「生きててよかった」と思えるほどの充実感があるといっても過言ではない。しかも、それぞれの分野には大発見や大発明の歴史があり、論争があり、それにまつわる人間ドラマがある。さらには、従来の常識をひっくり返すような「大事件」まで起きていたりする。

それらの事実を知ると、たとえ自分が何か悩み事を抱えていたとしても、「この深淵な世界に比べればたいしたことはない」「悩んでいる自分がバカバカしい」と思えてくる。人類が長年にわたって築いてきた知性には、それほどの重みがあるのだ。

さらに興味を持って他の本も探ってみれば、その分野についてはかなり精通できる。私の感覚でいうと、どんな専門ジャンルでも良質な本を5冊も読めば、相当な水準まで理解できるはずだ。その結果、たとえば履歴書等の自己紹介欄に「趣味」として「天文学」「ゲーム理論の探求」などと書ければ、かなり人目を引くことは間違いない。あるいは、機会を見つけてその中身を人に語りたくもなるだろう。

もちろん、さらに専門性を突き詰めようとして、難しい数式や記号に出くわすかもしれない。それらはさすがに、容易には理解できないだろう。ただ、プロの研究者を目指すわけではない以上、そこまで踏み込む必要はない。パソコンの部品の構造まではわからなくてもパソコンを使いこなせるように、仕組みや概要を語れるレベルになれば、それで充分である。

◆面倒だからこそ書店通いに価値がある

「本」でなくてはならない理由もある。便利なはずのネット社会が、一方で由々《ゆゆ》しき現象も招いているからだ。情報がありすぎるがゆえに、若者を中心に「易《やす》きに流れる」傾向が定着しつつある気がしてならない。

実際、普段接している学生の気質は、この10年で大きく変化した。今の大学生はいわゆる「ゆとり世代」と呼ばれ、能力の低下を憂う声が少なからずついてきた。しかし私から見ると、能力より意欲の低下のほうがよほど深刻だ。知的好奇心、知的精神力といったものが足りないのである。

たとえば先日、英語教師を目指す学生向けの授業で、英文によるレポートの課題を出したときのこと。「内容のレベルは問わない。とにかくできるだけ長く書いてきてください」と指示した。ところが、全員が揃いも揃ってA4で1枚分しか書かずに提出し、私を愕然《がくぜん》とさせた。過去10年間、同じような課題を出し続けてきたが、これは一度もなかったことである。

以前も1枚しか書かない学生はいたが、なかには3枚や5枚、多ければ7枚ぐらいは書く者もいた。長ければいいというものでもないが、書いているうちに興《きょう》が乗って止まらなくなる者が、少なからず存在したのである。そういう者が一人もいないということは、全体として意欲が低下しているとしか考えられない。

しかも、「これじゃダメだ。来週までに最低3枚は書いてきて」と新たに課題を出すと、今度はきっちり3枚書いてくる。つまり、知力・能力的に1枚しか書けないわけではないし、不真面目でもない。ただ単に面倒くさい、ラクをしたい、最低ラインでクリアしたいという意識が強いのだ。まして、将来は英語教師の道を歩みたいと考えている者たちの所行だけに、私はますます暗澹《あんたん》たる気分になる。

もっとも、彼らは曲がりなりにも自分で書いただけ、まだ「マシ」なのかもしれない。学生たちのレポートというと、いわゆる「コピペ（コピー&ペースト）」で済ませようとする者が後を絶たないからだ。ネット上から使えそうな論文やレポートを引用して一丁上がり、というわけである。

以前、スピードスケートで活躍された清水宏保《ひろやす》さんと対談させていただいたとき、「筋肉はずる賢くて、すぐにサボろうとする」という話を伺った。だから練習中は、常に筋肉に新鮮な刺激を与えることを考えたそうである。

脳も筋肉の一部だとすれば、これは学生たちの行動にも当てはまるだろう。刺激がない一方、便利な道具があるから「これでいいや」で済ませてしまう。周囲もそういう者ばかりだとすれば、ますます意欲も向上心も失う。結局、何も身につけないまま時間を浪費してしまうのである。

その点、ひと昔前の学生はもう少し意欲的だった。それは本人の資質というより、環境の影響が大きい。ネットのような便利な道具がなかった時代、レポートを書いたり、ゼミで議論に加わったりするには、まず本を読まなければ話にならなかった。それもワンクリックで買えるわけではないから、自ら書店に行って探す必要がある。

そうすると他の本も目に入り、つい手に取ってパラパラめくってみたくなる。そこで未知の世界に出会い、新たな興味・関心が湧いたりする。些細《ささい》なことだが、こういう経験が意欲や向上心を育てるのである。

◆もっと脳を使い込め

気鋭の脳科学者・池谷裕二さんの著書『海馬―脳は疲れない』（糸井重里さんとの共著・新潮文庫）によると、タイトルどおり脳は疲れ知らずだという。むしろ使えば使うだけ精度が高くなるそうである。

これは、ある程度集中して勉強した経験のある人なら納得できるだろう。たとえば1日10時間以上勉強していると、ミスが極端に減ってくる。逆にそれ以下では、単純なミスをしやすくなる。普段の仕事でも「うっかりミスが多い」人は、疲れているのではなく、まだまだ脳の使い方が足りないのだ。

ところが多くの人は、サボることで自分の頭が鈍くなっていることを認めたがらない。また周囲にいる人も「あなたの頭はサボっています」「頭が鈍ってますよ」とはいちいち指摘しない。私ぐらい親切な教師になると、学生に向かって「脳が眠っているぞ」「白昼夢でも見ているのか」「仮死状態ですか」と丁寧に指導してあげるのだが、こんな奇特な人はあまりいないだろう。

その結果、本来は10ある能力のうち3しか稼働していないにもかかわらず、その3が自分にとっての10であると錯覚してしまうわけだ。仕事が「できる人」と「できない人」の差は、まさにここにある。根本的な能力の問題ではなく、どれだけ頭を酷使しているか、あるいはサボッているかの問題なのである。

仕事でも勉強でも、もっと自分を追い込めば、3は5になり、7になり、やがて10にもなる。これはスポーツのトレーニングと同じだ。いくらジョギングをしても走るスピードは速くならないが、全力疾走を繰り返すことで、初めて記録を更新できるチャンスが生まれてくる。

あるいはプロのサッカーチームにしても、監督が代わることで、動きがガラリとよくなることがある。もちろん監督の手腕に負うところも大きいが、見方を換えれば、それまで選手たちはサボっていたということだ。厳しい競争環境のなか、常に全力でプレーしているはずのプロの選手でさえ、そういう怠慢が起こり得るのである。

では、必ずしも名監督に巡り合えるとは限らない私たちの場合、どうすれば自分を追い込むことができるのか。その答の一つが、書店に行くことだ。それも、たまに行く程度では足りない。10分でも構わないので、毎日足を運ぶことだ。

書店には知性があふれているし、平台《ひらだい》（本や雑誌を平積《ひらづ》みにする台）に並ぶ本は毎日のように入れ替わる。世の中がいかに自分の知らないことで満ちているか、しかも日々進歩しているかを実感できるに違いない。普通の感性を持っていれば、「自分はまだまだ」「もっとがんばらなくては」と思えるはずである。

健康のためにウォーキングなどを日課にしている人は少なくない。ではなぜ、頭の健康を維持するための工夫をしないのか。私の知る限り、地《じ》アタマというよりも頭の健康状態に問題を抱えている人は少なからず存在する。自分の能力に疑いを持ち始めたら、嘆く前にメンテナンスすることをおすすめしたい。そのための書店通いだ。

しかも、これは体を酷使するよりずっとラクで、しかも大きな効果を得ることができる。実践しない手はないだろう。

◆ネット情報は「お見合い写真」のようなもの

そうはいっても当然ながら、本は今やネットでも買える。しかも、ネットなら読んだ人のレビューも掲載されているため、迷っているときの参考になる。わざわざ書店に行って買う必要はない、という見方も一概に否定できない。

だが、誰よりも本をよく読み、その選び方にはかなりの自信を持っている私でさえ、レビューだけを見て買うと少なからず失敗する。書店で少しでも立ち読みしていたら、絶対に買わなかっただろうと思う本もよく買ってしまう。

確かにレビューを見ると、その分野で定番とされている本や関連図書までわかることがある。書き手のレベルにもよるが、まったくアテにならないことはない。レビューで10人が10人とも酷評しているような本なら、まず買わなくて正解。

しかし、多くの人が高く評価していたとしても、実際にはダメ本だったりもする。あるいは、自分にはまだレベルが高すぎたりすることもある。少なくとも本については、文字どおり「百聞は一見に如《し》かず」なのである。

そこでおすすめなのが、こういうネット情報と書店を併用することだ。ネットで面白そうな本を見つけても、その場では買わず、必ず書店で手に取って確認してから買う。自分に合うか合わないかは、パラパラめくってみれば一瞬にしてわかるはずだ。これで、精度をかなり上げることができる。

つまりネット情報は、「お見合い写真」のようなものと考えればいいだろう。一見よさそうに見えても、実際に会ってみると大違いということはよくある。まさか写真だけで相手を決める人はいないはずだ。

もっと多くの人が書店に行くようになれば、書店員さんにもPOP等でネット書店の情報量に対抗するだけの余裕も生まれるだろう。実際にそういう書店もある。小さな街であっても、そうした知の牙城《がじょう》のような場所があれば、志ある人々が老いも若きもやってくる。書店が活気づけば、それは地域活性化につながる。私は、書店こそ地域のセンターになるべきと思っているのである。

もちろん駅などにも人は集まるが、それはあくまでも移動手段としてである。しかし書店は知性の集積地であり、向上心の源であり、文化である。そういうところに人が集まらなければ、その地域の真の活性化は望めないだろう。「地方を元気に」といった声は喧《かまびす》しいが、それにはまず知的水準と文化水準を引き上げなければならないのである。

国内で最も元気な都市といえば東京だろうが、それは単に人が多いからではない。地方から向上心のある人が集まることで摩擦熱が生じ、それがエネルギーに変換されているからだ。

◆待ち合わせはぜひ書店で

そういう意味で、リアル書店をもっと身近に感じる方法がある。子どもから大人まで、待ち合わせ場所として利用するのである。

私自身、東京に出てきた頃から、待ち合わせは書店でと決めていた。たとえ相手が遅れても、まったく退屈せずに待てるからだ。自分が遅れる場合も同様で、相手のイライラをかなり抑えることができる。

たとえば、相手が10分遅れるとしよう。外で携帯電話をいじりながら待つ手もないわけではない。だが書店にいれば、その10分で得られる知的な刺激は相当なものだ。なんとなく店内をぶらぶらすると、ふと興味を惹いた本のタイトルが目に飛び込んでくる。手に取ってパラパラめくり、「こんな世界があったのか」と驚く。不意打ちを食らうようなものだから、こういう経験のほうが印象に残りやすい。

つまり、単なる暇つぶしのようでいて、実は最高の時間を過ごしているわけだ。場合によっては、そんな偶然の出会いで自分の世界観が変わったり、新たな分野に興味が広がったりするかもしれない。幅広く刺激を受けられるという意味では、机にかじりついて勉強しているときより、ずっとインパクトは強いはずだ。

だから、もし相手が「書店で待っていると退屈する」と言うなら、そんな人とはつき合うなというのが私の持論である。特に異性の場合、仮に結婚しても未来は厳しい。へたをすると、子どもにも悪影響が出る。結婚相手として選ぶなら、子どもにスパルタ式で猛勉強を強《し》いる人より、書店で時間をつぶせるような人のほうがいいのである。

最近は携帯電話があまりにも普及したため、待ち合わせの時間がズレること自体、少ないかもしれない。随分効率的な世の中になったわけだが、見方を換えれば余裕を失っているということでもある。書店で待ち合わせをしたら、わざと10分ぐらい前には到着し、携帯電話をカバンにしまって店内を巡ってみることをおすすめしたい。

いささか余談ながら、私は学校行事の集合場所も書店にすべきだと思っている。たとえば1クラスで遠足に行くのなら、校庭ではなく街の大きな書店に集合する。全員が揃うまで、各自店内で好きな本を見ているわけだ。

書店にとっては迷惑な話かもしれないが、子ども時代に強制的に書店の空気に触れる教育的効果は絶大だ。気に入った本があれば、後日親を連れて買いに来るに違いない。それに本の面白さに触れれば、必ずリピーターになるはずである。

◆書店でトイレに行きたくなる理由とは

ところで、書店通いには些細な問題もないわけではない。書店に入るとトイレに行きたくなることがよくある。ひと昔前まで、これは私一人の現象だと思っていたが、そうではないらしい。少なからぬ人が同じ経験をしているから、もはや「偶然」では片づけられまい。実際、これについては複数の賢人たちが独自の考察を行っている。

その一人が、お茶の水女子大学名誉教授の土屋賢二先生だ。その著書『ツチヤの貧格』（文春文庫）では、原因を「霊的なもの」として、以下のように述べている。

〈書店に行く人は、一冊の本を作るのにどれほどの心血が注がれているか知っているだろうか。気楽に本を眺める人は気づかないだろうが、耳をすませば一冊一冊の本が「買ってくれ」と悲痛な叫び声を上げているのが聞こえるはずだ。本にこめられた著者の霊が「買え買え買え買え」と叫んでいるのだ。買ってしまえば霊は納得して消滅するから図書館や古本屋では何の影響も及ぼさないが、新刊のときの霊力はきわめて強い。それを無視して無事にすむわけがない。トイレに行きたくなるのも、罪に応じて霊が罰するからだ。〉

これには、私も一人の書き手としておおいに納得する。書店で自著の上に他の本が乗っているのを見かけ、どかしたことは何度もある。それは「買ってくれ」というより、「とにかく見てほしい」「存在を無視されたくない」という感情だ。その意味では、私の生き霊《りょう》も、書店を訪れる人の便意に多少は貢献しているかもしれない。

あるいは脳科学者の澤口俊之先生は、まったく違う観点から自説を展開しておられる。以前、あるテレビ番組でご一緒させていただいた際、「書店に行くと脳が異常な刺激を受けるので、腸が活発になる」と主張されていた。この刺激は、脳にとってきわめて好ましいものらしい。

つまり書店に行けば頭が働き、トイレにも行きたくなり、すべての新陳代謝が進む。脳も体も動き出すわけだ。書店効果は、もはや脳科学的にもお墨付きを得たと考えていいだろう。

私流に解釈すれば、これは「テンションが上がる」ということだ。テンションとは、あらゆる活動のベースである。何をするにしても、テンションが低いほうがいいという状態はあり得ない。書店に行くだけでテンションが上がるとすれば、これほど安上がりな栄養剤は他にないだろう。

第1章のポイント

◎知的な刺激を得るには、書店に行くのが最も手っ取り早い
◎毎日通えば刺激に慣れ、「知的体力」を維持することができる
◎書店は自宅の書棚にあるべき本をキープしてくれている場所
◎中身のある本を3冊読むことは、大学の講義を半年聞くことに匹敵する
◎どんな専門ジャンルでも良質な本を5冊も読めば、相当な水準まで理解できる
◎目的以外の本を手にすることで、新たな興味・関心が湧く
◎たまに行く程度では足りない。10分でも構わないので毎日足を運ぶ
◎待ち合わせ場所を書店にすれば、相手を待つあいだに知的な刺激を得られる

第2章

書店はアイデアの宝庫

◆考え続けなければアイデアは浮かばない

どんな仕事であれ、現場で常に求められているのは工夫やアイデアだ。ただこれは、机にいくらかじりついて考えても得られるものではない。経験も大事だが、同時に新しい知識や情報が不可欠になってくる。それを組み合わせたり変換したりすることで、ようやくヒントを得られるのである。

言い換えるなら、自分の経験に新しい知識や情報をアレンジできれば、アイデアはいくらでも生み出せるということだ。そこでキーとなるのが後者の知識と情報だが、それにはやはり、潮の流れの速い書店で探すのが最も効率的である。

情報ならネットで検索すればいい、という人もいるだろうが、それでは足りない。周知のとおりネット情報は玉石混淆《ぎょくせきこんこう》で、真偽を確かめるためにかえって時間がかかってしまう。またピンポイントな探し方になるため、自分にとって興味のある狭い範囲しか対象にならないおそれもある。

その点、本や雑誌なら編集者や出版社のフィルターを通しているため、中身がまったくデタラメということは少ない(例外もあるが)。それに書店に行けば、いやがうえにも様々なタイトルや見出しが目に飛び込んでくる。この受動性が、偶然の出会いを演出してくれるのである。

そこでまず重要なのは、問題意識だ。「必要は発明の母」といわれるように、これがなければアイデアのヒントも得られない。たとえば仕事上のことでも、すべて順風満帆《じゅんぷうまんぱん》という人はまずいないだろう。「この部分にボトルネックがある」「社内の雰囲気が悪い」等々、個人単位でも組織単位でも、様々な問題を抱えているはずだ。

本気で解決しようと思うなら、その問題を四六時中考え続ける必要がある。会社でいくら悩んでも退社後はすべて忘れて切り替える、というのも一つのスタイルだろう。だがそれでは実際、なかなか解決には至らない。思考が深まらないからだ。

およそ希代の経営者、一流のビジネスパーソン、最高峰の職人と呼ばれるような人は、ほぼ例外なく24時間にわたって仕事のことばかり考えている。職場を離れたとしても、常に問題解決の糸口を探したり、見聞きしたものを仕事に活かせないか知恵を絞ったりしているのである。テレビでいえば、完全に電源を落とすのではなく、主電源は常に入ったまま「スタンバイ」の状態になっているわけだ。

彼らにとって、このスタイルはけっして苦痛でも負担でもない。これが自然であり、むしろ生きがいでもある。仕事でも趣味でも、人生において何か達成したい目標を持つことは、精神の安定につながるのである。

まして、多くの人が人生の大半の時間を費やすであろう仕事で悩むということは、本来それ自体が幸せな話だ。もちろん、諸般の事情でどうしようもなく追い込まれ、精神まで害してしまう例も多々ある。それはそれで大きな問題ではあるが、「まったく問題がない」「仕事は仕事として切り分けている」という状態も精神衛生上よろしくないことを、まずは認識していただきたい。

◆古今東西の第一人者から知恵を借りる

それに、私たち凡人の抱える問題が、人類史上初の難問ということはまずあり得ない。必ず似たような問題に直面して悩んだり、解決策を見つけたりした人物や事例があるはずだ。やや大袈裟にいえば、それが人類の叡知というものであり、その集積地が書店なのである。

たとえば私が教えている学生なら、私に対して相談を持ちかけることができる。私も「とりあえずこうしてみたら?」とアドバイスを送ることができる。深刻なものでなければ、ほんの30秒程度の立ち話でも可能だ。

だが、誰でも近くに相談できる先生がいるとは限らない。上司にも同僚にも、あるいは家族にも相談しにくいことはあるだろう。

そこで書店に行けば、大学の先生をはじめ古今東西の各界のプロたちが、著者としてズラリと揃っている。言い換えるなら、彼らが自らの名にかけて相談に応じようと手を挙げ、ライバルや世間の動向も気にしつつ、手取り足取り指導しようと必死になって書いたのが書籍なのである。

しかも、書店はいわば「読み手市場」だ。どれほど丁寧に書かれた一冊でも、丁寧に読んでやる必要はない。無数の本のなかから適当に手に取ってパラパラめくり、役立ちそうなメッセージだけをその場で吸収して「もう用はない」とばかりに書棚に戻す。この作業を繰り返せば、たちまちにして人類の叡知から幅広くヒントを集めることができるわけだ。一冊をじっくり読むよりずっと効率的で、得られるものも大きいだろう。

それはいわば、雲の上にいるような大先生に向かって「1時間半も講義を聞く暇はないので、1分でエッセンスだけ教えて」と言っているようなものだ。実社会では口が裂けても言えないが、書店では可能なのである。

◆本から「コンセプト」を抽出せよ

では、どうやって本からアイデアを引き出すか。そこで最も重要なのは「コンセプト」だ。一見すると難しい言葉だが、ざっくり日本語にするなら「概念」または「主張」だろう。あらゆる本には、必ず「コンセプト」が含まれているのである。

たとえば少し前のベストセラー『バカの壁』（養老孟司著・新潮新書）にしろ『国家の品格』（藤原正彦著・新潮新書）にしろ、それぞれ独自の視点で「バカ」や「品格」について論じている。読者は、養老さんや藤原さんの視点を借りつつ、「会社の上司とソリが合わないのはなぜか」「理屈だけで人が動いてくれないのはなぜか」などと自分の問題として考えることができる。これが、アイデアの起点になるわけだ。

だとすれば、それぞれのコンセプトの意味を深く理解しないと問題意識も持てないし、いいアイデアも浮かばないはずである。

これについて、たとえばテレビ番組だけで深く理解しようとしても無理がある。「コンセプト」は物理的に存在するわけではないので、映像と音声では表現しにくい。仮に養老さんや藤原さんが何かの番組に出演して語ったとしても、そもそも時間の制約があるため、エッセンスしか伝えられない。あるいは新聞・雑誌にしても、やはりスペースに限界があるため、深く知らしめることは難しい。

その点、本なら時間もスペースも心配する必要はない。形がないために表現しにくいものを表現し尽くせるのが活字の威力であり、その「真打ち」が本である。むしろ、あらゆる本の使命はコンセプトを表現し尽くすことにある、ともいえるだろう。

これは研究論文についても同様だが、たとえば「〇〇世紀におけるローマ帝国の××について」というタイトルのものは、読むに値《あたい》しない。単に資料をまとめただけで、コンセプトが感じられないからだ。「ローマ帝国衰退の原因は〇〇にあった」と中心概念を提示して、初めて論文（本）としての価値が生まれる。およそ学者の仕事とは、こういうコンセプトを世に示すことなのである。

その点、たとえば『もし高校野球の女子マネージャーがドラッカーの「マネジメント」を読んだら』（岩崎夏海著・ダイヤモンド社）ですっかり有名になったP・F・ドラッカーは、きわめて学者らしい学者といえるだろう。「マネジメント」をはじめ、「民営化」や「知識労働者（ナレッジ・ワーカー）」もドラッカーが膨大な著書のなかで明確に提示したコンセプトだ。すべての概念がドラッカーの発明ではないが、こうした概念の登場によって、会社経営や社会全体がどれほど見通しやすくなったかは論を俟《ま》たない。

しかも、これらのコンセプトに特許は存在しない。誰でもドラッカーの著書を読み、自分の会社組織の「マネジメント」を考えたり、自分の労働者としての価値を見直したりできるのである。申し訳ないほどにありがたい話ではないだろうか。

「イノベーション」という概念一つでも、自分の技《わざ》にできれば、ものの見方が変わる。先日も大学で「自分の人生でイノベーションといえるものを3つ挙げよ」という課題を出した。この課題を考えることで、イノベーションという概念に慣れてくる。

ドラッカーに限った話ではない。一冊の本になんらかのコンセプトがあるとすれば、それを軸にして物事を考えられるようになる。つまり書店とは、無数のコンセプトを売っている場なのである。アイデアが必要なら書店に頼れ。これはきわめて合理的な発想だろう。

◆「目次」で瞬時に全体を把握する

本から「コンセプト」を引き出そうと思うとき、すべてを読み通す必要はない。その前に、書店での立ち読みレベルでチェックすべきいくつかの「目のつけどころ」がある。まず「目次」だ。

かつて東大法学部の学生だった頃、私は「目次勉強法」なるものを優秀な友人に教えてもらい、実践したことがある。同学部の試験は科目数が多く、しかも難問揃いだった。そこでテキストの目次を拡大コピーし、そこに要点をぎっしり書き込むことで、まず全体の体系を頭の中に叩き込むことにしたのである。これはたいへん効率のいい勉強法で、おかげで無事に卒業できたといっても過言ではない。

同時に気づいたのは、しっかりとした本ほど目次も充実していることだ。学術書なら当然だが、名著と呼ばれる古典にもこの傾向がある。たとえばマキアヴェッリの『君主論』にしても、目次の文言がすでに君主への具体的なアドバイスに満ちている。これを見るだけで、いかに中身が濃い本かがわかるのである。

さらに最近の本は、目次の充実が著《いちじる》しい。読者にアピールする一環として、1章を数ページに分け、その一つ一つにメッセージ性の強い見出しを付けているものが少なくない。目次はその一覧だから、それを見ればどれほど中身を盛り込んでいるか、どんな問題提起をしているか、あるいはどういう世界観を描こうとしているか、一発でわかるわけだ。

言い換えるなら、本はひと昔前より随分親切になったということでもある。すべて読まなくても、興味のある部分だけ「つまみ食い」しやすくなっている。むしろ目次を見ても主張がよくわからない本なら、いささか時流に乗り遅れているといえるだろう。項目のきわ立たせ方、言葉の選び方に工夫が足りないのだ。

読み手にとっては、目次を見て「読んでみたい」と思う項目が複数あれば買えばいいし、2~3個ならその場で吸収して棚に戻せばよい。それはちょうど、パーティでたまたま隣り合わせた美人と二言三言、世間話をするような感覚だ。話が合って「また今度ゆっくり」となればラッキーだし、その場で話が終わったとしても、気分よく過ごすことができる。しかも「後くされ」もない。本のタイトルや装幀《そうてい》を第一印象とすれば、目次はいわば第二印象なのである。

◆「あとがき」で著者の熱意がわかる

目次で「面白そう」「使えそう」と感じたら、次にチェックすべきは「まえがき」または「あとがき」である。両者は「本文ではない」という意味では共通しているが、意味合いはまったく違う。それを知っていれば、本の性格をもっとつかみやすくなるだろう。

このうち「まえがき」では、たいていその本の趣旨が熱く語られている。著者も「興味を持ってもらいたい」と肩に力が入っている場合が多いから、なかなか読み応えがある。ざっと目を通してみれば、自分が読者として著者と問題意識を共有できるかどうか、が簡単に確認できるだろう。

一方の「あとがき」には、著者の個人的な感想や身辺雑記的なことが、やや気楽に書かれていることが多い。一見すると「おまけ」のようなものだが、これも意外と本を選ぶ際の基準になる。

あくまでも「おまけ」だから、ない場合もあるし、あまり意味のないことを淡々と綴っている場合もある。だがそういう本は、いささか注意が必要だろう。

本は、物理的な厚さもそれぞれ違うが、精神的な「熱さ」も違う。著者が持てるエネルギーをすべて注ぎ込んだような本もあれば、残念ながらそれほどでもない本もある。よく整理・編集されていることも重要だが、どれだけ著者のエネルギーが込められているかも見きわめる必要があるわけだ。それがある程度わかるのが、「あとがき」なのである。

著者が心血を注いだ本なら、本文を書き終わった後も、さらに「余熱」で何か書きたくなるものだ。とにかくより多くの人に読んでもらいたい、わかってもらいたいという思いが募るからだ。それは、映画のＤＶＤによく付いている「メイキング映像」のようなものともいえるだろう。少しでも付加価値を高めるために、いわば手の内をさらしているわけだ。そういう「特典」がなかったり貧弱だったりするということは、そもそも著者があまり乗り気ではない可能性がある。

それに、「あとがき」のよさは著者の人格や本音が見えやすいところにある。その見え具合は、テレビに対するラジオの位置づけに近いかもしれない。テレビでは諸事情から言いにくいことも、ラジオのパーソナリティは平気で話していたりする。顔は見えなくても、聞き手はそういうパーソナリティに親近感を抱くのである。

その意味で、本は「あとがき」ばかりを読みあさってみる手もある。著者の主張や知見より、人格を重視して選ぶわけだ。日常でも、発言は立派なのにソリが合わずになじめないことはよくある。逆に人間的に尊敬できる人の話なら、極端でも凡庸《ぼんよう》でもずっと聞いていたくなる。本も同じことで、感覚的に自分にフィットする著者を探せばいいのである。

あとがきの定番として、本を書くまでの経緯に触れることもよくある。著者の社会的な立ち位置や精神状態、普段の人間関係も垣間見える。それを先に頭に入れたうえで本文を読むと、より理解しやすくなるかもしれない。

私自身、読み手として「あとがき」をかなり重視している。やや肩の力を抜いて書いている分、本の出来不出来とは関係なく、人柄がよく滲《にじ》み出るからだ。強気で自画自賛する人もいれば、読者に対して遠慮がちに感謝とも謝意ともつかぬ言葉を並べる人もいる。

あるいは、わざわざ「ハワイの別荘にて」「マンハッタンの夜景を眺めながら」などと書いて締める人もいる。おそらく「リア充」ぶりを誇りたいのだろう。温かい読者なら、一冊を書き上げた労に免じて、これぐらいの自慢は許容すべきである。

◆「解説」は「本文」より面白い？

翻訳書などをはじめとして、「あとがき」の代わりに訳者や識者による「解説」が付いている場合もある。こちらのほうが本文より秀逸だったりすることもあるので、やはり先に目を通したほうがいいだろう。

基本的に「解説」は、その本のいいところを見つけて褒《ほ》めている。著者さえ気づいていない点に言及したり、解釈の視点を提供したりしてくれる。それを踏まえて本文を読めば、内容も頭に入りやすくなるし、なによりその本に対してポジティブになれる。最初から「批判してやろう」とか「つまらなそうだけど必要に迫られて」というスタンスで読むと、吸収度が低くなってしまうのである。

つまり、いい「解説」にはその本の価値を高める効果がある。たとえば以前、私が『偏愛マップ』を文庫化(新潮文庫)した際には、「解説」を辛酸《しんさん》なめ子さんにお願いした。私は辛酸さんと面識はなかったものの、以前から大ファンだったため、編集者から提案された際には二つ返事で賛同した次第だ。

「偏愛マップ」とは、自分の好きなことや興味のあるものを一枚の紙にまとめたものを指す。この本は、それを各自でつくり、コミュニケーションツールとして活用することを提唱したのである。

それに対し、辛酸さんは「解説」のみならず、わざわざご自身で「偏愛マップ」を作成して提供してくださった。おかげで、本のグレードが格段にアップしたことは言うまでもない。

一方、私は本の「解説」を依頼されることもよくあるが、その際には自分の本を書くとき以上に力が入る。当然ながら、その本のよさを引き出せなければ著者に対して申し訳が立たないと思うからだ。これは私に限らず、依頼された人に共通する認識だろう。「解説」を依頼される以上、なんらかのプロであるはずだ。そういう人が渾身の力を込めて書くわけだから、面白くないはずがない。本を選ぶ際には、おおいに参考になるだろう。

目次、まえがき、あとがき、解説のチェック。以上を実践すれば、本の「エキス」は短時間でほぼ吸収できる。ただもちろん、立ち読みには限界がある。「参考にしたい部分が

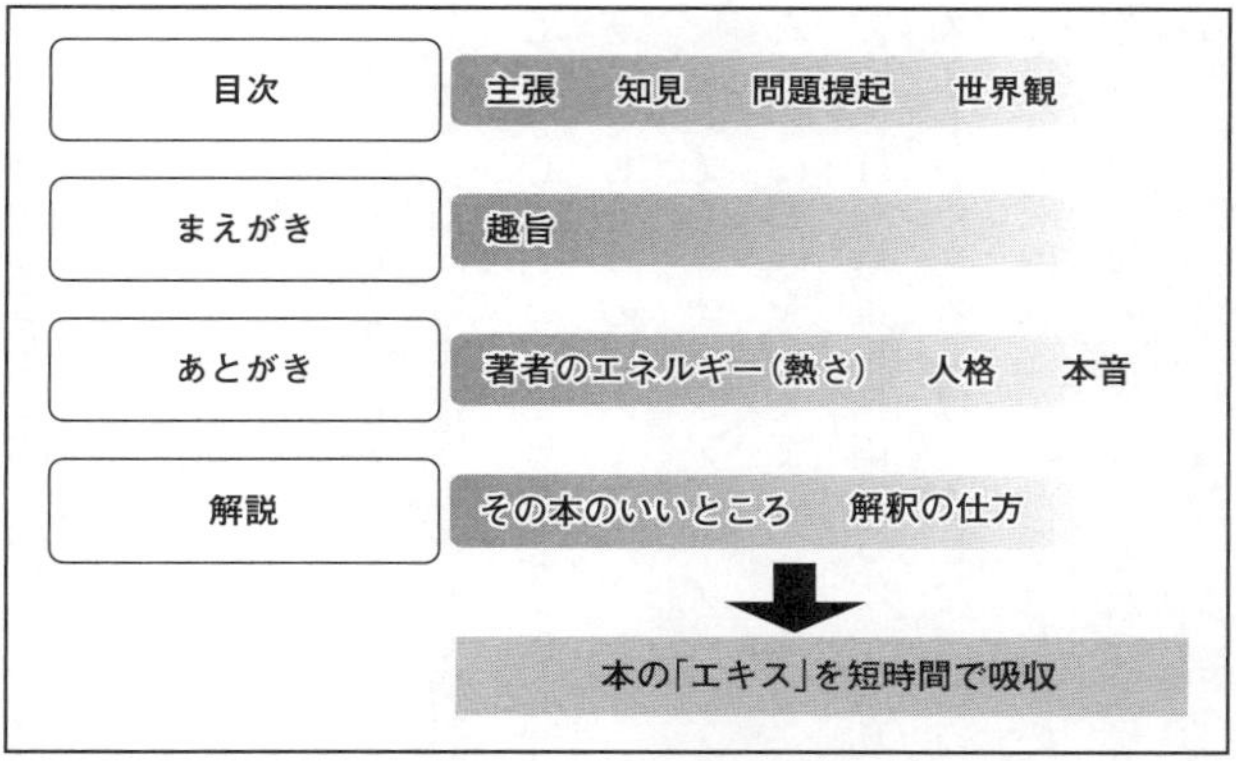

上の項目をチェックするだけで、すべて読まなくても内容を把握できる

複数ある」「この著者のことをもっと知りたい」という本に出会えば、惜しまず買うことだ。

◆アイデアとは、アレンジすること

次のステップは、本から問題解決のヒントを引き出すことである。大きく二つのポイントがある。

一つは、手帳を活用すること。私が普段使っている手帳は、見開きの左側が1週間のスケジュール欄、右側がメモ用の空白になっている。常にペンがはさんであり、課題やアイデアを見つけ次第、右側に書き込むことにしている。

こういう習慣をつけておくと、課題意識が脳に常駐しやすくなる。そうすると、普段なら見過ごしてしまうような情報も、課題意識のフィルターを通ることで関連情報として認識される可能性が生まれる。それだけ感度が高くなるわけだ。

それも手帳に書き込んでいけば、課題に関する情報は芋づる式に膨らんでいくことになる。その蓄積が、解決のヒントやアイデアを生む。

本を読む場合も例外ではない。いいエピソードやキーワードを仕入れたら、すかさずメモしておく。あるいはネットで調べた関連図書のタイトルも書き込んでおけば、書店で探しやすいだろう。「記憶しておけば大丈夫」などと自らの能力を過信するから、あっさり忘れてしまうのである。

そしてもう一つ、アイデアとはアレンジであると認識することだ。たとえば仕事上でなんらかの問題を抱えていたとする。会社組織はだいたい似たような悩みを抱えているため、書店には解決策を指南する本や成功事例を紹介する本が無数にある。トヨタはどうした、スターバックスではこうした、といった具合だ。

自分の問題意識がはっきりしていれば、これらの本のなかからごく短時間でヒントを探ることができるだろう。それは「読む」というより、「サーチする」感覚に近いかもしれない。

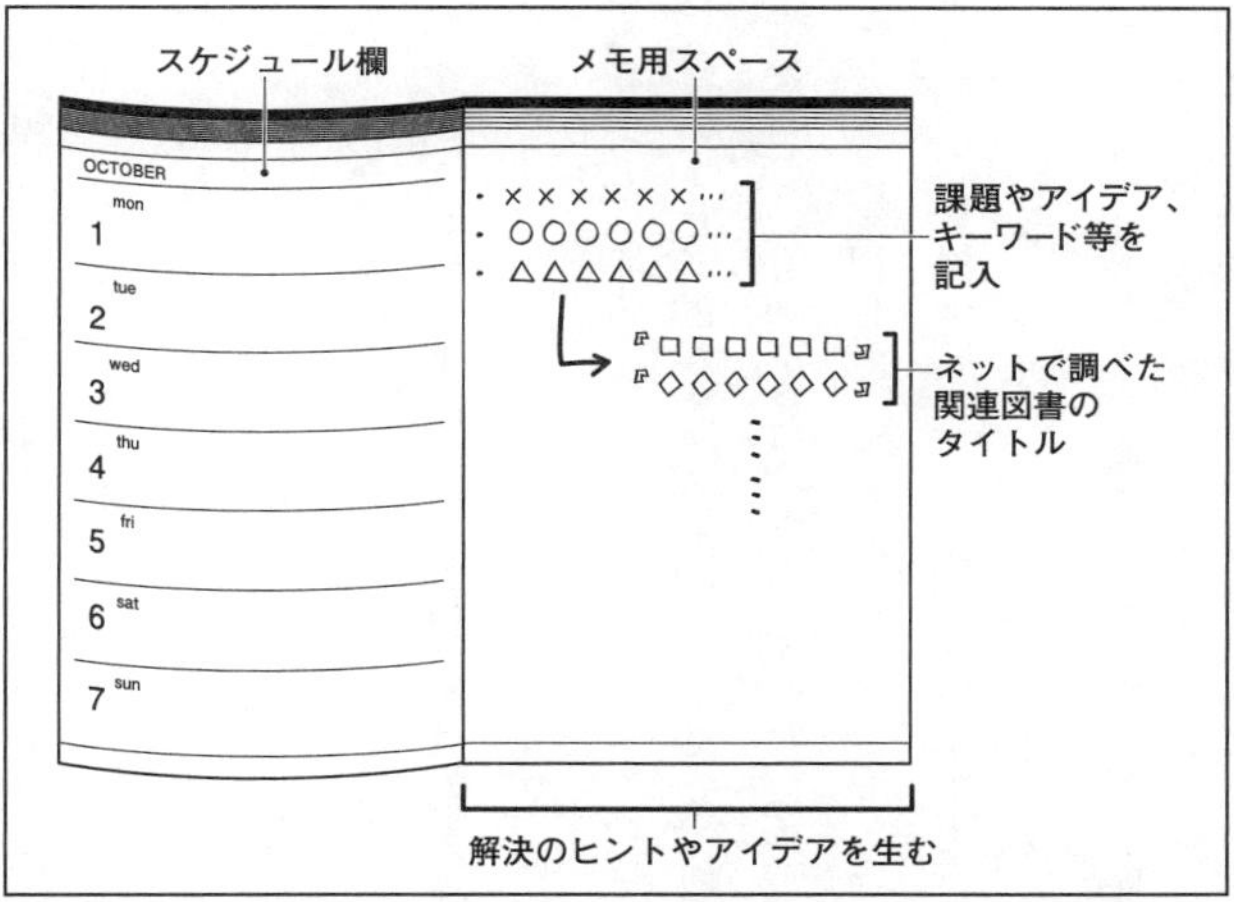

手帳に課題や関連図書などをメモしておけば、書店ですぐに本を探せる

ただし、重要なのはここからだ。いくらトヨタやスターバックスが何かで成功したとしても、そっくり真似《まね》ることはできない。おそらく規模も違い、風土も違い、問題もまったく同じではないはずだからだ。

かといって、知識として学ぶだけだったり、羨ましがったりするのも意味がない。これらの成功事例をいかに自分の会社にアレンジするか、どうすれば導入できるかを考えること。いわゆる「無茶振り」を自分に対して行ってみると、意外になんとかなりそうに思えてくる。これこそがアイデアなのである。

それはいわば、$y=f(x)$の写像変換の要領だ。現状を「x」として、それを関数「f」で変換すると、必然的に「y」が求められる。重要なのは関数「f」であり、それが本から得た知識や情報ということになる。「f」が質・量共に豊かなら、「y」も自《おの》ずと豊かになるだろう。

次元は違うが、この方式を存分に活用したのがピカソである。他人の作品であれなんであれ、見て興味を惹いたものをことごとく自分なりに吸収して写像変換し、芸術作品に仕立てていった。同時代に活躍した日本人画家・藤田嗣治《つぐはる》は、「自作をピカソに見られるのが怖かった」という。確かに「ピカソ変換」されると思えば、作者として心中穏やかではなかっただろう。

おかげで、ピカソは晩年に至るまで、創作力がまったく衰えなかった。それどころか、常に新しいものを発見して変換したため、次々と新しい作風を生み出した。時代のうねりとともに変化していったわけだ。

「ピカソ変換」とまではいかないまでも、自分の問題意識を前提とした変換なら、私たちにもできる。書店には、本の数だけ「f」が並んでいるのである。そう考えると、書店がどれほどヒントに満ちているか、目も眩《くら》むような気がしてこないだろうか。

◆無茶振りでアイデアを生み出せ

ではどうやって変換するか、もう少し具体的に考えてみよう。基本は前項でも軽く触れた「無茶振り」だ。

たとえば、卒論を書かなければならないとする。普通なら「卒論の書き方」的な実用書を読むところだが、そこで「トヨタ方式」に関する本を読んだらどうなるだろうか。

一見すると、まったく関係がないようにも思える。だが強引に当てはめようとすれば、工場の生産過程の効率化のために「ムダ・ムラ・ムリをなくす」というトヨタ方式は、卒論作成にも意外と適用できるはずだ。膨大な資料集めにムダはないか、参考文献が偏《かたよ》っていないか、提出日から逆算してムリな計画を立てていないか、といった具合である。つまり、卒論作成を生産工程としてとらえ直すことで、「生産性」の向上が期待できるわけだ。

かつて私は、これに近いことを実践していたことがある。論文を書く作業を生産工場に見立て、「工程」を根本から見直したのである。その結果、それまで年にせいぜい1～2本しか書けなかったのに、一気に6～7本は書けるようになった。自分の仕事を通じて、私はトヨタの強さを実感した次第だ。

また、私はスターバックス関連の本や新聞・週刊誌の記事もよく読む。私が喫茶店経営に乗り出す可能性は万に一つもないが、米国をはじめ世界中でこれほど急成長している同社には少なからぬ興味がある。その経営方針や社員教育のあり方、店のコンセプトづくりなど、成功の秘訣に満ちているからだ。

たとえばこれを、大学の授業に当てはめたらどうなるか、学生との接し方のヒントにならないか、次に書く本の参考にならないか等々と考えることで、自分なりに変換を行っているわけだ。

いずれにせよ、自分自身に「無茶振り」するからこそ、思考力が要求され、なんらかの解決策が生まれる。その意味で、常に「無茶振り感覚」を持つことをおすすめしたい。

◆情報は、系統立った知識に吸い寄せられる

以上のように考えると、参考にすべき本はどんなジャンルでも構わないことになる。なるべく人類の叡知が詰まっている本を望むなら、手っ取り早いのは古典だ。東西のいにしえの賢人たちの思考を今流かつ自分流に変換すれば、それだけで世人が感銘するアイデアが生まれるだろう。

古典そのものが難しい場合、新書などで古典の解説書が出ているので、そこから入ってもいい。たとえば、ヘーゲルは難解でも『新しいヘーゲル』（長谷川宏著・講談社現代新書）なら読める、といった具合だ。

一方で、流行の最先端を走っているもの、今まさに勢いを持っているものからヒントを得る手もある。好き嫌いや興味の有無は別として、売れているものには必ずなんらかの理由がある。これらを自分なりに変換すれば、少なくとも今を生きるパッションやバイタリティを自分の中に取り込むことができるはずだ。

たとえば最近、私はカラオケできゃりーぱみゅぱみゅの「つけまつける」という曲の存在を知った。奇妙なタイトルもさることながら、その軽すぎる曲調や無内容な詞を聴いていると、いかにも今風という感じがする。

かつて井上陽水さんの「傘がない」が登場したときも、私優先の軽さが話題となって「若者文化を象徴している」などと評されたものだった。当時より今の若者のほうが軽く、弱くなったことを象徴するように、「つけまつける」には「磨き上げられた軽さ」がある。

気になって調べてみたところ、この曲をつくったのはＰｅｒｆｕｍｅ（パフューム）などのプロデュースも手がけておられる中田ヤスタカさんだという。その時代の空気を取り込む才能には感服するしかない。逆にいえば、こういう音楽を聴くことで、時代の風潮や空気を感じることができるわけだ。「趣味が合わない」などと心を閉ざすべきではない。

書店でも新刊本をひととおり眺めておくことは、時代の空気を感じる点で意味がある。

本の場合は、書き始めてから世に出るまでどうしてもタイムラグがあるため、時代の最先端を疾走するというわけにはいかない。その代わり、毎日のニュースや新聞記事とは違い、おおむね知性の網をくぐり抜けてブラッシュアップされている。その意味では、ある程度時代を写し取りつつ、より精度の高い情報を提供しているといえるだろう。

たとえば少し前、『デフレの正体』（藻谷浩介著・角川oneテーマ21）がベストセラーになった。今の不況の原因が人口問題にあることを、統計データ等を駆使して看破した快著である。

現状が不景気であることは、誰もが認識しているはずだ。社会人であれ、主婦であれ、学生であれ、何をするにしてもこの前提を見過ごすわけにはいかない。それがどういうメカニズムによるものか、一つの考え方として知っておいて損はないだろう。実際、最近は高齢者向けのビジネスが盛んだ。それは介護・福祉といった分野に留まらず、観光やゲーム、エンタテインメントなどの分野にも広がりつつある。時間とお金を持て余している高齢者をどう取り込むか、様々な業界が入り乱れてしのぎを削っているのである。

そういう状況も、『デフレの正体』を一冊眺めておくだけで、ずっと理解しやすくなるだろう。関連するニュースが目につくようになるし、自分なりの視点も持てるようになる。次にどう動くかを考えるうえでも、おおいに参考になるはずだ。

言い換えるなら、時代をとらえた本を読むということは、自分の中に「取りつく島」をつくることでもある。系統立った知識を身につけることで、それを拠点として最先端の情報が自然に集まってくるようになるからだ。

だから本を読まない人は、貴重な情報が流れていてもキャッチできない。したがって論理的な思考も不得手になる。これだけ情報があふれているにもかかわらず、モノを知らない人が多いのは、とりも直さず本を読まない人が増えている証拠だろう。

◆「書棚の定点観測」のすすめ

以上は本そのものからヒントを得る方法だが、もっと書店の特性を活かす手もある。書棚全体に視野を広げるのである。

言うまでもなく、書店の本はテーマごとに並んでいる。大きめの書店なら、たとえばビジネス書のコーナーも、実務関連や経済・経営関連、自己啓発など、複数のジャンルに細

本の置かれ方から、新刊や売れ筋、定番商品を把握することが可能だ

分化されている。このうち、自身の問題意識を前提に「お気に入りの書棚」を見つけ、定点観測することをおすすめしたい。

そうすると、ラインアップがどんどん入れ替わることに気づくだろう。新刊が出ればとりあえず平台《ひらだい》などに置かれるし、売れ筋は何冊かまとめて置いてある。しかし平台の本には、あっという間に姿を消すものが多い。一方で、十年一日《じゅうねんいちじつ》のごとく書棚に入ったままの本もある。いわゆる定番商品だ。

自己啓発の分野でいえば、人気の著者はだいたい2年ごとに入れ替わっている。書店も時流に乗り遅れまいと、売れ筋の著者は目立つ平台などに置くはずだ。一方でD・カーネギーの『道は開ける』『人を動かす』(創元社)のような超ロングセラーもある。

定番には定番の理由があるはずだから、目を通しておいて損はない。また流行をいちいち追いかけるのが面倒でも、ある程度書棚を見続ければ把握できる。パラパラとページをめくっておけば、人と話を合わせたりする際にも便利だ。あるいは売れ筋本の主張から類推することで、世の中の課題意識やニーズも体感できるだろう。

それは、自らのモチベーションを高めることにもなる。世の中の課題意識を自分が認識していなかったとすれば、時流に乗り遅れている可能性が高い。ましてや「お気に入りの書棚」でそういう事態が発生するとなると、ビジネスパーソンとして立つ瀬がない。「とりあえず追いつこう」と思わずにはいられなくなるはずだ。

つまり、一つの書棚に着目すると、常に自分との「競争状態」が生まれるわけだ。言うまでもなく、競争はモチベーションの源泉である。特に「どうもヤル気が起きない」という人、職場環境や職種によって競争状態になりにくい人にとって、書棚は絶好の強壮剤になるだろう。

第2章のポイント

◎自分の経験に新しい知識や情報をアレンジできれば、アイデアはいくらでも生み出せる
◎書店に行けば、古今東西の各界のプロたちが、著者として揃っている
◎あらゆる本には、必ず「コンセプト」が含まれている
◎目次を見て「読んでみたい」と思う項目が複数あれば買う
◎目次、まえがき、あとがき、解説から、本の「エキス」を短時間で吸収できる
◎アイデアやキーワードを手帳にメモしておけば、書店で本を探しやすい
◎系統立った知識を身につければ、最先端の情報が自然に集まるようになる
◎売れ筋本の主張から類推することで、世の中の課題意識やニーズを体感できる

第3章

コーナー別・書店の歩き方

◆〔新書コーナー①〕レーベルは100種以上！

せっかく書店に立ち寄ったなら、時間の許す限り店内の多くのコーナーを見て回ったほうがいい。それぞれのコーナーには、それぞれの見方・接し方というものがある。本章では、それを説明していこう。

まず目下《もっか》の出版業界において、ある種の軸となっているのが新書だ。

まずはそのボリューム。一定規模以上の書店に行くと、新書コーナーにはかなりのスペースを割《さ》いている。それもそのはずで、今やそのレーベルは100種以上にも達しているという。かつて新書といえば「岩波新書」や「中公新書」など、やや硬派なイメージがあったが、現在は硬軟取り交ぜた群雄割拠の時代である。

同じくなじみ深い判型として文庫があるが、こちらは単行本から形を変えただけのものが多いし、その中心は小説である。主な読者層は、おそらく音楽や映画を楽しむように、自分の好みに合う作家の作品を中心にセレクトして読んでいるに違いない。もちろん、それは一つの楽しみ方だが、一定の世界観からなかなか踏み出せないという弱点もある。

その点、新書は最初から新書用に書き下ろされたものが中心で、守備範囲もきわめて広い。したがって、読書の質が文庫とは異なる。森羅万象の未知の世界に踏み込むことこそ、新書の楽しみなのである。今を生きている人に必要なあらゆる情報が、コンパクトにまとめられている――それが新書のイメージだ。

実際、月々の出版点数がきわめて多い分、著者も多士済々だ。単行本を出せる著者は限られているし、「岩波新書」や「中公新書」の時代なら大学の権威ある先生がほとんどだった。しかし今は、各界で活躍する人のなかで新書を出していない人はいないのでは、と思えるほどだ。

また各出版社とも、新書を出版業界の主戦場と位置づけて続々と参入している。そこで当然、書店の限られた書棚を巡って激しい争奪戦が繰り広げられるから、毎月一定以上の新刊を出し続ける必要がある。

しかも、いいかげんな本を出すわけにもいかない。一定のクオリティを保つことはもちろん、レーベル単位で独自のカラーを打ち出そうと知恵を絞っている。この状況が、新書コーナーをよりバラエティ豊かに、華やかにしているのである。

つまり新書に注目しているだけで、およそ世の中で脚光を浴びている人、流行や論点を拾うことができるのである。著者という意味でも、編集者という意味でも、日本における文化エネルギーまたは知性エネルギーが結集しているといって過言ではない。

ちなみに多士済々といえば、ネットの世界はもっとバラエティに富んでいるかもしれない。しかし、およそ200ページの活字量を画面で読み続けることは、ほぼ不可能だ。だから新書には買う価値がある。新書が出版社や書店にとって主力商品になるのも、もっともな話である。

◆〔新書コーナー②〕「雑種文化」を1ヵ所で堪能

言い換えるなら、新書の特徴は、ジャンルも主張もバラバラな本が同じ判型・同じカバーデザインでラインアップされ、一コーナーに結集していることにある。そのメリットは意外に大きい。

たとえば、歴史ファンは歴史書コーナーに行けば好みの本を探すことができる。もちろんこれも読書の楽しみ方だが、そこにいる限り、守備範囲は広がらない。最先端の科学技術の話題も、ビジネス上のノウハウも、スポーツ選手のメンタルトレーニング術も、流行のダイエット法にも出会わないままになる。

しかし新書コーナーに行けば、歴史関連の本とともに、これらの本がすべて並んでいる。最初の目的がなんであれ、様々なテーマの本が、しかも鮮烈なタイトルで目に飛び込んでくるのだ。ここで新たな世界に出会える可能性はおおいにある。

つまり、書店内を歩き回ることと同じ効果が、新書コーナーにはあるということだ。歩き回るのが面倒だと思うなら、まずはここを集中的に見て、世の中の奥深さを垣間見るといいだろう。

新書に限った話ではないが、読書はなるべく「雑食主義」がいい。好き嫌いせず、とりあえずなんでも食べてみること。意外に「おいしい」本に出会えればラッキーだし、どうしてもダメだと思えば二度と口をつけなければいい。そのほうが、精神の健康を保つには適しているのではないだろうか。

ひと昔前、評論家の加藤周一は「日本文化のよさは『雑種文化』にある」と説いた(『雑種文化』講談社文庫)。「世界に類のない固有の文化」ともいわれる日本文化は、実は世界中のものを取り込み、混じり合ったからこそ独特の文化になったというわけだ。

確かに食文化を見れば、これはおおいに納得できるだろう。先にも述べたが、おそらく日本ほど世界中の料理を食べている国はない。しかも、いつの間にか日本流にアレンジし、たいてい一定水準以上の味に仕上げている。店だけでなく、食卓まで国際色豊かだ。

食と違って本には言葉の壁があるが、新書も雑食文化の一端であることは間違いない。

新書コーナーには、古今東西の知性が硬軟取り交ぜて揃っている。「雑食」を楽しむには最適の空間といえるだろう。

なお、カバーデザインが似通っているため、無数の新書から好みの一冊を探すのが面倒、という人もいるかもしれない。そういうときに参考になるのがレーベルだ。前述したとおり、今や新書には無数のレーベルがあり、それぞれ個性を競っている。ということは、そのなかから自分にフィットしたレーベルを見つけることも難しくないはずだ。それをいくつか知っていれば、好みに合う新書を見つけやすくなる。次にどんな新刊を出してくるか、楽しみにもなる。これも、新書に親しむ一つの方法である。

その典型例が「ブルーバックス」(講談社)のレーベルだ。科学技術系が中心で、しかも文系の人でも読みやすくなっている。特に科学になじみのない人がこのレーベルを読むと、目から鱗《うろこ》が落ちる思いをするに違いない。そんな経験を何冊かで繰り返せば、すっかりファンになるはずである。

このメディアファクトリー新書のように、現実をとらえ直す新鮮な視点を与えてくれるレーベルもある。たとえば長谷川英祐《えいすけ》さんの『働かないアリに意義がある』を読めば、人間社会をより広い視点でとらえられるようになる。本は心の余裕を生んでくれる。

◆〔新書コーナー③〕一冊1テーマに絞られているのが魅力

私は常々、学生や若い社会人に「今の時代、少なくとも新書コーナーぐらいはチェックしたほうがいい」と呼びかけている。「書店に行って新書をチェックしないようでは、世の中が見えないよ」とも断言している。

特に大学1年生のなかには、文庫と新書のあいだのハードルが高い者が多い。これまで文庫で小説の世界には親しんできたが、リアルな世界を描いた新書には興味なし、というわけだ。しかし、これこそが学問の世界における「大人の階段」である。高校生と大学生を分けるのは、どれだけ文庫から新書に脱皮できたかにかかっている。大学生なら、各界の第一人者が何を考え、どんな主張をしているかを知っておく必要がある。私は彼らにそうハッパをかけ、新書世界の扉を開くよう促しているのである。

しかも私の経験によれば、新書はどれを読んでも失敗の確率が低い。新書の性格上、最初から不特定多数の読者を想定しているため、一部の人にしかわからないような狭い内容では終わらない。企画段階から、誰が読んでも関心が持てるよう構成しているのである。

たとえばプロ棋士の羽生善治《はぶよしはる》さんといえば、将棋に詳しくない人でも知っているだろう。完全実力主義の厳しい世界で勝ち続けるには、技術もさることながら、強靱《きょうじん》な精神力も欠かせないはずだ。では、羽生さんがそれをどうやって身につけたのか、できればあやかりたいと思うのが人情である。

そんなとき羽生さんの著書や関連書を探してみると、実にたくさん刊行されていることがわかる。そのなかには、将棋そのものの戦略書・指南書の類も少なくない。愛好家にはたまらないだろうが、一般の人がそこから羽生さんの精神を学ぶには、それこそ相当の読解力と精神力が必要だ。

そこで頼れるのが新書である。そういう人のニーズに合わせて、たとえば『大局観』『決断力』（角川ｏｎｅテーマ21）などが出ている。将棋の知識の有無にかかわらず、誰が読んでもなんらかのヒントを得られるつくりになっている。ただちに羽生さん並みの精神力を身につけるのは無理としても、おおいに刺激は得られるはずだ。

また最先端の情報ばかりではなく、古典の世界に親しめることも新書の魅力だ。マキアヴェッリの『君主論』でも宮本武蔵の『五輪書』でも、原典そのものは主に岩波文庫で文庫化されている。しかし、それらを直接読むとなると、いささか敷居が高いと感じるかもしれない。

その点、新書には古典の現代語訳や識者による解説書、啓蒙書が数多くある。現代人にはほとんど忘れられた古典まで、わざわざ引っ張り出してきたような例もある。常に企画のネタに苦労している新書の編集者諸氏が、古典というネタの宝庫を放置するわけがないのである。

読者にとってもこれは朗報だ。人類の叡知が詰まった古典のエッセンスを、手軽に吸収することができる。あるいは原典にあたるにしても、これらの新書を先に読んでおけば格段に理解しやすくなる。貴重な古典を次世代に継承する意味でも、新書の果たす役割は大きい。

新書はコストパフォーマンスの点でも優秀だ。詰め込まれた情報量を考えれば、これほどリーズナブルなものはないだろう。数百円で人生になんらかの刺激を得ることができたとすれば、投資としては安いものである。まして古書店に行けば、少し前のものが１００円で売られていたりする。買って損したと思う人はいないはずだ。

◆〔新書コーナー④〕話の引き出しを増やす

新書で世の中を知るメリットは、単に自分の知見を増やせるだけではない。なにより、会話のネタを豊富にできるのである。私はむしろ、「人に会ったら新書の話をしろ」「そのために新書で会話のネタを仕入れろ」と呼びかけているほどだ。

たとえば、新書からベストセラーが出ることはよくある。記憶に新しいところでは、養老孟司さんの『バカの壁』、藤原正彦さんの『国家の品格』（共に新潮新書）などが典型だ。あるいはこれほどのメガヒットではなくても、最近は5万〜10万部も売れれば「ベストセラー」の部類に入る。

実際に読まれているかどうかは別として、これらの本はタイトルだけは広まっていることが少なくない。つまり、「売れているのは知っているが読んでいない」人が多いのである。そういう人にとって、実際に読んだ人や、中身を知っている人は重宝《ちょうほう》である。「あの本にはこういうことが書かれている」と説明してもらえれば、自分も読むべきかどうか判断できる。あるいは、ここで聞いた話を同じ状況にある人に繰り返せば、重宝がられる立場に変わるかもしれない。いずれにしても、得した感が得られるわけだ。その発信源に自分がなれれば、「話す価値のある人」として評価されることは確実だろう。

たとえば以前、竹内一郎さんの『人は見た目が9割』（新潮新書）がベストセラーになった。ご多分に漏れず、タイトルのインパクトが強いため、読んでいなくても存在を知っている人は少なくないはずだ。そこで「9割というのは〜」と意味を説明できれば、（一瞬かもしれないが）話題の中心になれるだろう。ちょっと質のいい小ネタを披露する感覚である。

それに、会った相手も別の新書の中身を語れるとすれば、その場で交換される情報量は相当なものになる。わずかな時間でも、会話はきわめて充実したものになるだろう。お互いに「会って話せてよかった」と思えるはずだ。

これは小説ではできない芸当だ。好みが大きく分かれるため、いくらベストセラーを話題にしても、相手が興味を持つとは限らない。仮に東野圭吾さんのミステリーのオチを語れば確実に嫌われるし、トルストイの『戦争と平和』のストーリーを延々と語っても煙たがられるだけだ。たまたま同じ小説を読んだ人と巡り合えば盛り上がるかもしれないが、それ以外の場面で話題にするのは難しいだろう。

その点、新書にそういう心配は必要ない。もともと誰でも少なからず興味を持つテーマが選ばれているし、ストーリーがあるわけでもない。断片的にでも中身を紹介できれば充分である。

そう考えてみると、新書コーナーをチェックしないことがいかにもったいないか、だいたい理解できるだろう。やや大袈裟にいえば、新書コーナーは「知性と現代が交錯するライブ空間」なのだ。その存在を知らなければ、知性的にもなれないし、現代も語れない。

人は結局、自分にまつわる話しかできないが、本人が思うほど、周囲の人はそれを聞きたいと思っていない。会話がつまらなくなるのは必定である。もしあなたの周囲の人が退屈そうにしていたら、「会話がつまらないのは、書店で新書コーナーをチェックしていないから」と反省したほうがよい。根本的な問題はコミュニケーション能力ではなく、価値あるネタを仕入れられるかどうかだったのである。

◆〔新書コーナー⑤〕新書なら1分間読書も簡単

とはいえ「人と話すのは苦手」という人もいるだろう。まして読んだ新書の中身を簡潔に説明するなど、相応の訓練や経験が必要と思われるかもしれない。

だが、そんなことはない。ポイントは、「何かネタを仕入れよう」という気持ちで本を読むこと、そしてそのために、常に「引用」を念頭に置くことだ。まずは「引用できてこそ読書」「ノー引用、ノー読書」と肝に銘じていただきたい。会話の流れのなかで、「××という本には『××』と書いてあった」とさりげなく盛り込めるレベルに達すれば上出来だ。

しかも新書なら、引用部分を探す労力はほとんどかからない。以前、私は大学の授業で、それぞれ持ち寄った新書を交換して1分眺め、次の1分でその中身を人に説明するという

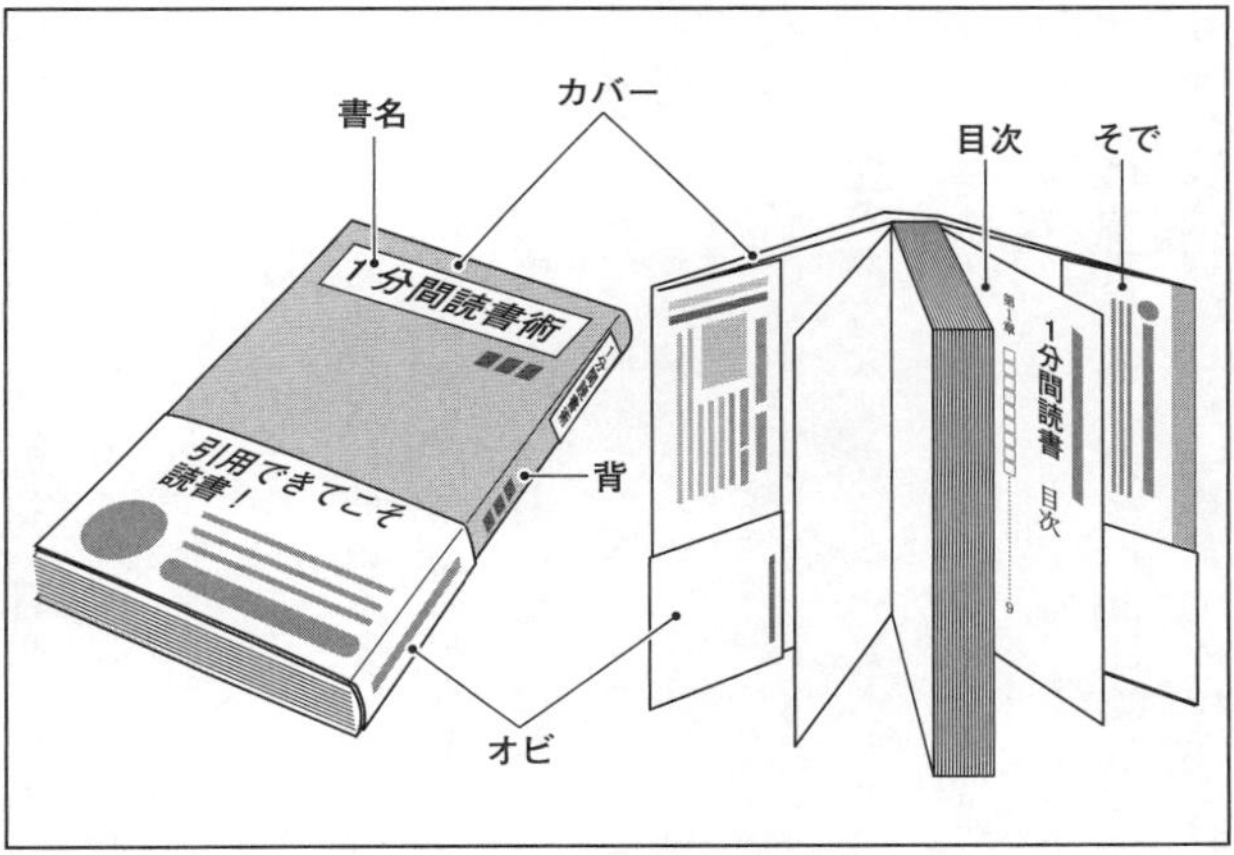

装幀の各部と目次には、本の中身がわかりやすく提示されている

課題を出したことがある。いわば「1分間読書」だ。予想どおり学生は悲鳴を上げたが、聞く耳を持たずに無理やり実践させてみると、意外とあっさりクリアした。

それは彼らが特別に優秀だからではない。簡単だからだ。もともと書名はキャッチーだし、目次や見出し、カバーのそで（折り返し部分）、オビなどを駆使して、中身を徹底的にわかりやすく提示している。そこにざっと目を通せば、本文を最初から読まなくてもだいたい把握できるし、引用もできてしまうのである。

逆にいえば、「1分間読書」のワザを磨くなら、まず新書で訓練すればよいということだ。書店の新書コーナーは、格好の訓練場となるだろう。書名、目次、見出し、そで、オビなどを1分程度眺め、引用できそうな言葉やフレーズを頭に入れる。その場で声に出すわけにはいかないだろうが、近くに知り合いがいるつもりで、中身を1分程度でつぶやいてみる。あるいは頭の中で説明文を組み立ててみる。

これを何回も実践していると、自らの変化に驚くに違いない。生活のなかで読書は欠かせない存在になるし、当然ながらネタも豊富になる。それを「知性が高まった」と解釈しても、否定する人は誰もいないだろう。

買う新書は1冊でも、選ぶプロセスで数冊1分間読書をすれば、プラス数冊分の情報を得ることになる。

以下は私の願望だが、こういう人ほど異性にモテる存在になってほしい。そして、「豊かな知性のある人＝カッコいい人」というイメージが定着してほしい。実際、話のネタが尽きず、いつまでも話していたいと思える相手なら、もうそれ以上は何を望む必要があるというのだ。

これは個人レベルだけの問題ではない。「モテたいなら新書をあされ」という風潮が盛り上がれば、いくら「草食」と揶揄《やゆ》されて久しい若い男性でも対応できる。彼らがこぞって1週間で4〜5冊程度の新書を読んでくれるようになれば、日本人の知性は確実に向上する。そうなれば、何かと悲観論が喧《かまびす》しい日本の将来も、まだまだ捨てたものではない。私はそんな夢想をしているのである。

◆〔文庫コーナー〕難しそうな古典に触れるチャンス

新書の隆盛に負けず劣らず、文庫のバリエーションも豊かだ。かつては小説がメインだったが、今や各社入り乱れ、ノンフィクションや実用書まで普通にある。もはや一般書との違いは形状だけかもしれない。

そのなかで、やや異彩を放つのが古典の分野だ。前述のとおり新書では解説書が多いが、文庫では原典が充実している。それが現代の書き手による最新刊をしのぐ勢いで売れているのだから、世の中はわからない。

そのトップランナーが、亀山郁夫さんの訳によるドストエフスキーの『カラマーゾフの兄弟』（光文社古典新訳文庫）だ。実に累計100万部も売れているという。あれほどの古典かつ長編小説がミリオンセラーになる国は、他にないだろう。これを聞いたとき、「日本はまだまだ大丈夫」と安堵しつつ感動した覚えがある。

確かに『カラマーゾフの兄弟』自体、きわめて面白い小説だ。普段小説を読み慣れている人に「世界最高の小説はなんですか？」と尋ねれば、おそらく二人に一人はこの作品を挙げるだろう。

それにしても、100万部とは驚異的である。しかも、この作品はずっと以前から多くの方によって翻訳され、単行本や文庫として世に出ていた。ほぼすべてを読んできた私の感覚によれば、いずれの訳もすばらしい。その読者があらためて亀山訳を手に取ったとも考えられるが、新規の読者も大量にいるに違いない。現代人でも読みやすいよう、亀山さんがいかに的確にアレンジされ、またそれがいかに幅広く支持されたかがうかがえよう。

あるいは、『口語訳古事記』（文春文庫）をはじめとする三浦佑之《すけゆき》さんの一連の著作によって、『古事記』も脚光を浴びた。いくつかの雑誌が特集を組み、複数の出版社が「現代語訳」を単行本や文庫版で出している。

これらばかりではない。かつて古典といえば、岩波文庫か講談社学術文庫、平凡社東洋文庫が主流だったが、最近は他の文庫レーベルもラインアップを充実させつつある。前述の「光文社古典新訳文庫」をはじめ、角川ソフィア文庫の「ビギナーズ・クラシックス」、イースト・プレスの「まんがで読破」などが典型だ。いずれも、難解なものを明快に、とっつきにくいものを親しみやすく編集しているところに特徴がある。読者の幅を広げる意味で、たいへん画期的な試みだ。

実際に文庫コーナーに行けば、新たな息吹を吹き込まれた古典の豊かさに驚かされるはずだ。それは、なじみの薄かった古典に接するきっかけになるだけではなく、古典を求める世間のマインドに触れる体験にもなるだろう。

ひと昔前、日本で学ぶアジアからの留学生の大きな目的の一つは、日本語を習得して岩波文庫などの古典を読むことだったといわれている。確かに岩波文庫なら、『古事記』『日本書紀』のみならず、『論語』『孫子』や『聖書』『ギリシア神話』『コーラン』、それに『資本論』『国富論《こくふ》』等も読める。東西のあらゆる古典が揃っているといっても過言ではないだろう。留学生にとっては、宝の山だったわけだ。それだけ日本は文化的に恵まれているのである。

まして最近は、その宝のほうから読者に歩み寄り、濃い中身を噛み砕いて提供してくれている。恵まれた国の一員として、このチャンスを逃す手はない。「据え古典読まぬは日本の恥」と肝に銘じたい。

◆〔洋書コーナー〕まずは1冊買ってみろ

たとえば大きめの書店の洋書売り場に行くと、『SLAM DUNK』や『天才バカボン』の英語版が置いてあったりする。あるいは日本語訳とワンセットになった本もある。たとえ英語が苦手でも、パラパラめくるだけで楽しめるだろう。

それに、一見難しそうでも、日本語で読んだことのある本なら比較的理解しやすい。「英語だとこういう表現になるのか」という驚きもあって、けっこう刺激的だ。

ただし、洋書売り場になじんでいる日本人は少ない。英語教師を目指す学生でさえ、めったに出入りしないのが実情だ。だからますます足が遠のき、勝手にコンプレックスを増幅させているらしい。

そこで私は彼ら学生に対し、「まずは1冊買ってみろ」と指導している。漫画は不可、ただし日本語で読んだことのある本を選ぶのがコツだ。

それを、「通学中の電車の中で読め」とも指示している。これには、私なりの深い戦略がある。まず電車で洋書を開くと、それなりに周囲の目が気になって、簡単には閉じられない。つまり到着するまで読み続けなければならないわけだ。ある意味で追い込まれているため、自宅で適当に眺めているより、ずっと集中できるのである。

それに、「Chapter 1」から読んでいると、いかにも「読み始めたばかり」という感じで格好がつかないため、「Chapter 3」あたりから読め、とも言っている。事前に日本語で「予習」しておけば、問題なく理解できるはずだ。

今どき電車内といえば、ケータイをいじるのが主流だ。そのなかにあって学生風の若者が洋書を開いていると、少なからず周囲の目を引く。そんな彼らが御茶ノ水駅や神保町駅で下車すれば、「明治大学の学生か」と認識される。よく勉強しているな、知性が高そうだな、日本の将来を担《にな》ってくれそうだなと思われれば、当大学の評判もよくなる。私はそこまで配慮を巡らせているのである。

そしてもちろん、こういう習慣を持つことで、英語の上達も早くなる。「周囲の人に知的な刺激を与えてあげよう」ぐらいの緊張感と高揚感を持って、読み続ければいいのである。

さらにいえば、比較的硬めの洋書が自宅の書棚に並ぶ効果も大きい。それだけで書棚全体の知的度が上昇するため、前述の「背表紙効果」は抜群だ。まして彼氏・彼女が遊びに来るようなシチュエーションになったら、好感度上昇の必須アイテムとして前面に押し出すことをおすすめしたい。

◆〔理工書コーナー〕なじみがない人ほど楽しめる

あるいは理工書なども、前述したとおり文科系の人でも読みやすい入門書・啓蒙書が最近は随分増えている。もともと文科系の人の読解力は高いはずだから、これはたいへんな朗報である。

たとえば有名なところでは、村山斉《ひとし》さんの『宇宙は何でできているのか』（幻冬舎新書）や、安藤忠雄さんの『連戦連敗』（東京大学出版会）、マーク・ブキャナンの『歴史は「べき乗則」で動く』（ハヤカワ文庫NF）などが典型だ。ひと昔前の本なら、ノーベル物理学賞を受賞したR・P・ファインマンによる『ご冗談でしょう、ファインマンさん』（岩波現代文庫）などのシリーズもベストセラーになった。

文科系の人がこれらの本に接すると、いかに自分の興味が狭い範囲に限定されていたかに気づかされるだろう。たとえば今、いきなり「$E=mc^2$」という数式を見せられても、意味がわかる人は少数かもしれない。アインシュタインが導き出した特殊相対性理論による関係式であることは知っていても、「詳しいことはわからない」「そもそも物理や数学に興味がない」と決め込んでいることが多いのではないだろうか。

だがそういう人は、『$E=mc^2$——世界一有名な方程式の「伝記」』（デイヴィッド・ボダニス著／ハヤカワ文庫NF）を読めば意識が一変するだろう。「E（エネルギー）」、「m（質量）」、「c（光の速度）」のそれぞれについてかかわった人物像や歴史的経緯が述べられた後、なぜエネルギーと質量が結びつけられたのか、それがその後の世界にどのようなインパクトをもたらしたのかがドラマチックに綴られている。しかも、高校生以上なら無理なく読めるほど平易に書かれている。

こういう本は、なじみがない人ほど楽しめるし、世界観がグッと広がる。少なくとも「自分には理科系の話はわからない」と最初から放棄してしまう理由は何もないのである。むしろ「本当の学問とは理科系にあったのか」ということを、痛感せずにはいられないだろう。

◆〔絵本コーナー〕子ども・孫世代とも話せる自分になる

さらに盲点なのが、絵本のコーナーだ。子どもがいる場合はもちろんだが、仮にいなくても、一度は立ち寄ってみることをおすすめしたい。特に男性なら、今までまったく知らなかった方向に感性が開かれるはずだ。

絵本には絵本の世界がある。そこは、普段多くの男性が見ている世界とはまるで違う。そのギャップは、女性誌を見る以上に大きいだろう。時にファンタジーであり、残酷であり、人間として気にしている部分がまるで違う。だからページをめくるたびに、新鮮な驚きを得られるのである。

なかでも出来のいい絵本は、大人にとっても安らぎの時間を与えてくれる。実際、ノンフィクションライターの柳田邦男さんも、『大人が絵本に涙する時』(平凡社)などの著書で大人が絵本に触れることを推奨しておられる。やはり精神の安定に多大な効果があるという。

それだけではない。男性はとりわけ50~60代になると、思考が自然に固まりやすくなる。だから人生に面白みを見出《みいだ》せなくなったり、人によっては厭世《えんせい》的な気分に陥ったりしやすくなるのである。

そこで絵本の世界に触れれば、柔軟な思考を取り戻す契機になる。絵本そのもののパワーもさることながら、絵本を媒介にして子どもや孫の世代ともコミュニケーションを図《はか》りやすくなるからだ。

最近はやっている絵本を知っていれば、何かの機会に「『××』って知ってる?」と話しかけることができる。そこで多少でも盛り上がれれば、脳は多大な刺激を受けるに違いない。

私見によれば、およそアイデアマンと呼ばれるような人は、老若男女と話のできる人が多い。ある業界にどっぷり浸かっている人、特定の仲間としか話せない人は、思考が凝り固まるため、むしろアイデアが湧きにくいのである。

この観点でいえば、書店で立ち寄るべきは絵本コーナーばかりではない。3歳の子とも、高齢者とも、女子高生とも、今風の大学生とも話せる状態に自分をセットしておくには、様々なコーナーをひととおり歩き回るのがいちばんだ。

先々で平台《ひらだい》などを眺め、気の向くままに本をパラパラとめくる。いちいち買う必要はないが、こういうクセをつけておくと、情報の断片が頭の片隅に残る。それだけでもアンテナは全指向化し、感度が増すはずである。

◆〔雑誌コーナー①〕ネットより洗練された情報を得られる

話のネタを探すなら、手っ取り早いのが雑誌だ。その記事は書籍より速報性があり、新聞より深く切り込んでいることが多い。それに、さすがに有料で売っているだけに、玉石のうち「玉」の情報だけセレクトしてある印象だ。しかも雑誌コーナーに行けばわかるとおり、発行点数が膨大である。

特におすすめしたいのが、コンビニではなく書店の雑誌コーナーに立ち寄ること。週刊誌ならコンビニでも充実しているが、書店にはもっと多彩な月刊誌がズラリと揃っているからだ。

そのうえで、たとえば科学技術になじみが薄いなら、有名な科学雑誌『Ｎｅｗｔｏｎ』などをめくってみると面白い。そうすると、今の物理科学の世界がどうなっているのか、どんな問題を抱えているのか、豊かなビジュアルとともにざっと把握できるに違いない。

しかも私の印象では、雑誌の情報はテレビ・ラジオよりも速い。まず雑誌が取り上げたネタを、ラジオが取り上げ、テレビが紹介するという順番が多いのではないだろうか。それに活字媒体だから、音声や映像より情報が深い。つまり雑誌をある程度見ていれば、少なくとも時代から取り残されることはないわけだ。

もちろん『Ｎｅｗｔｏｎ』に限った話ではない。目についた3～4冊を適当にパラパラめくってみると、現代の断片がただちに頭に入る。それも男性誌、女性誌、経済誌、論壇誌、音楽雑誌など、普段読まないジャンルのほうが面白い。何も予備知識がない分だけ、驚愕の事実を目の当《ま》たり《あ》にすることになるだろう。もはや「ネタの宝庫」といっても過言ではない。

私自身、書店に行けば必ずこれを実践している。時間があれば7～8冊には目を通し、

「特集」が面白そうなら買うのが常だ。これを繰り返してきたおかげで、世の中の流行や話題や諸問題について、ひととおりはわかる。こういうベースがあると、テレビや新聞で関連情報に接したときも興味を持てるし、より立体的に状況を把握することができるのである。

問題なのは、昨今の学生たちがほとんど雑誌を読まないことだ。だから、誰もがネットやケータイを駆使していながら、貴重な情報に驚くほど疎《うと》いことがよくある。感性のアンテナを立てていないため、情報があふれていてもキャッチできないのである。

「片っ端から定期購読しろ」とまでは言わないが、せめて書店に行ったら雑誌コーナーに立ち寄ることを習慣化してもらいたいものである。

◆〈雑誌コーナー②〉カルチャー誌の文字情報量は書籍に匹敵

ちなみに、雑誌コーナーでぜひ一読をおすすめしたいのが、『GQ JAPAN』や『Cut』といったカルチャー系の月刊誌だ。コンビニにはないかもしれないが、大型書店に行けば必ずあるだろう。

これらのカルチャー誌は、しばしばインタビュー記事や対談記事中心に構成されていたりする。その分量も膨大で、テレビのコメントや週刊誌のようにカットされていない。活字量の充実ぶりは、書籍をしのぐほどだ。

しかも、書籍より素早く出版されるため、内容も新鮮だ。「書き言葉」として編集されていない分、「生《なま》」の言葉として本音も出やすい。さらに後で書籍化される保証もないのだから、売られている時点で出会っておかないと、永遠に読めないおそれもある。だから書店でチェックする必要があるわけだ。

見過ごされがちだが、私はいわゆるインタビュー記事の価値はもっと評価されるべきだと思っている。インタビューを受ける人、雑誌編集部、読者ともに多大なメリットを享受できるからだ。

まず受ける人にとっては、自ら文章を書くより簡単に、しかも早くメッセージを発信できる。編集部にとっても、原稿を依頼して待つよりずっと早く、しかも編集方針に沿った記事をつくることができる。

読者にとっては二つもメリットがある。一つは、おそらく書き下ろしの原稿よりずっとわかりやすく内容を把握できること。そしてもう一つは、即座に会話のネタとして活用できることだ。

「××がこんなことを言っていたよ」という話をするとき、元ネタが本などの「書き言葉」だと、いちいち自分で要約して「話し言葉」に翻訳しなければならない。その点、インタビュー記事のような「話し言葉」の文章なら、その手間が省けるのである。

ならばテレビの対談番組などはもっとネタになるかといえば、そうでもない。限られた時間内に要点だけを話すため、まとまった内容にはならないのである。そこから引用できるとすれば、せいぜい単語やフレーズのレベルだろう。

それにインタビュー記事は、話した言葉がそのまま活字に起こされているわけではない。担当する編集者やライターが話を再構成し、「書き言葉」のようにかしこまった感じにならない程度に書き換えているのである。だからライブの感覚を残しつつ、しかも読みやすく、ネタ元にしやすい記事に仕上がるわけだ。

「会話上手」と呼ばれたければ、むしろ雑誌のインタビュー記事を片っ端から見まくるのが最短コースかもしれない。およそ会話のなかで、最も相手を退屈させるのは自分自身についての話である。よほどの経験や知見があれば別だが、そうではない限り、相手は「早く終わらないか」と内心思いつつ聞き流すだけだろう。

しかし、誰かのインタビュー記事をネタにすれば、少なくとも自分の話よりは興味を持ってもらえる可能性がある。そもそもニュースバリューがあるから記事になっているわけで、それを引用しない手はない。あとは、話す相手によって、どの記事をネタにするかを選択すればいいだけだ。

その観点で雑誌を見ると、カルチャー誌に限らず、ある程度内容の濃いインタビュー記事を載せているものが少なくない。それも文化人や芸能人だけでなく、雑誌によっては会社経営者や特定分野のプロなど、実に幅広い。

もちろん、それらをすべて買って読むことは不可能だろう。しかし雑誌コーナーでざっと目を通しておけば、面白いエピソードや言い回しは頭に残る。そのレパートリーを増やせば増やすほど、「会話上手」の誉《ほま》れはいよいよ高くなるに違いない。

◆「レーベル」に着目する手もある

「グラモフォン」といえばクラシック、「ブルーノート」といえばジャズといった具合に、音楽の世界はレーベルによる色分けが鮮明だ。ジャンルごとに区別されているだけではなく、レーベル自体がある種のブランドと化している。「このアーティストはよく知らないが、このレーベルなら間違いないだろう」という買い方もできるわけだ。

同じことは、本についてもいえる。音楽ほど明確ではないにせよ、出版社ごと、レーベルごとに傾向があるし、「品質保証」のレベルも違うのである。

たとえばみすず書房の本といえば、良質な学術書として定評がある。ヴィクトール・E・フランクルの『夜と霧』をはじめ、世界的名著の翻訳書も多い。私も若い頃、同社の本には「かっこいい」イメージを持っていた。真っ白を基調としたカバーに、飾り気のない明朝体でタイトルを刻むのが同社のスタイルだ。それを開くだけで高揚感に包まれるし、何冊か並べるだけで書棚全体の格調が上がる気がしたのである。

あるいは岩波文庫の場合、帯の色によって5つのジャンルに分けられている。日本近現代文学は緑、江戸時代以前の古典文学は黄、外国文学は赤、思想・哲学・自然科学などは青、そして政治・経済・法律・社会などは白だ。前述のとおり東西の古典に強いが、さすが長い歴史を誇るだけに、格調も高い。

余談ながら、かつて大学に入学して間もない頃、遊びに行った友人宅の書棚に岩波文庫の白帯がズラリと並んでいるのを見て、衝撃を受けた覚えがある。彼は『資本論』『国富論』『雇用、利子および貨幣の一般理論』『プロテスタンティズムの倫理と資本主義の精神』など、世界史を動かしたといっても過言ではない名著の数々を、高校時代に読み終えていたのである。「世の中にはすごいヤツがいる」と、身の引き締まる思いがしたものだ。

もう少しとっつきやすいレーベルとしては、新潮社の「新潮クレスト・ブックス」がある。主に海外の小説・ノンフィクションを集めたレーベルで、質・量共に充実している。安心して買えるブランドの一つだ。装幀《そうてい》も一冊ごとに凝っているため、「鑑賞用」としても価値がある。私の周囲にも、何冊も買い揃えている人が少なからずいる。

さらに挙げるなら、「NHKブックス」(NHK出版)や「新潮選書」(新潮社)など選書にもいい本が揃っている。各界の学者や専門家が、新書よりもう少し深く専門分野に言及している、というイメージだ。新書の次のステップとして、もっと詳しい知識を得たいときにあたってみるといいだろう。書き慣れた著者なら、新書向け、選書向け、専門書向け等々と、読者層の想定を変えて書き分けているものだ。

またレーベルというわけではないが、独自路線を切り開いた出版社にも注目しておいて損はない。たとえば、ベストセラーとなった『超訳 ニーチェの言葉』(白取春彦訳)を出したディスカヴァー・トゥエンティワンもその一つ。著作という意味での「ニーチェの言葉」自体は19世紀から存在し、その翻訳書や解説書も無数にある。ただ同書は、言葉の断片を徹底的に平易かつ現代的に提示する工夫によって、類書と一線を画した。アイデアの勝利といえるだろう。

同じく工夫という意味では、アカデミー出版による「超訳シリーズ」も面白い。シドニィ・シェルダンの『ゲームの達人』『真夜中は別の顔』などの「超訳」で知られるが、私はこれらの作品を原書で読んでいたため、当初はその「超」ぶりに驚いた。ユーモアあふれる会話が省略されていたりはするが、話のテンポはよく一気に読める。

すでに海外で定評のあった小説を忠実に訳さず、一気に読めることを優先して「超訳」することは、出版社として相当の度胸が必要だったはずである。結果的に日本でも大ベストセラーになったのだから、そのビジネスセンスには恐れ入るばかりである。

いずれにせよ、書店ではこれらの本がレーベルごと、出版社ごとに置かれていることが多い。好みのレーベルを見つけられれば、そこを定点観測するだけで、面白い本に出会える確率が格段に上がるわけだ。そういう「行きつけのコーナー」を持つことも、書店の有意義な歩き方の一つだろう。

◆書店員さんとコミュニケーションを

書店は、ただ本が並んでいるだけの場所ではない。うまく活用しようと思えば、世の中を深く知る情報基地にもなり得るのである。

たとえば、大型書店にはたいてい本の検索機がある。探している本がどこにあるかを調べるのに便利だが、使い道はそれだけではない。適当なキーワードを入力すると、関連する本がズラリと表示される。興味本位で3つぐらいのキーワードを打ち込めば、「こんな本が出ているのか」と思うような一冊に巡り合えたりする。

もちろんこれはネットでもできるが、ただちに現物を手にできるのが書店の強みだ。そのコーナーに行けば、関連図書まで一気に見ることもできる。しかも、思いもよらなかったコーナーに置いてあったりすると、急に視界が開けたような気分になる。これも楽しみの一つだ。

当然ながら、私たちは必ずしも買う本を決めて書店に行くわけではない。「この分野について深く知りたい」「暇つぶしになるような小説がいい」など、ぼんやりした期待だけを胸に訪れることが多いのではないだろうか。

そういうとき、書店内をぶらぶら歩き回るのも悪くはないが、先に検索すれば行動範囲

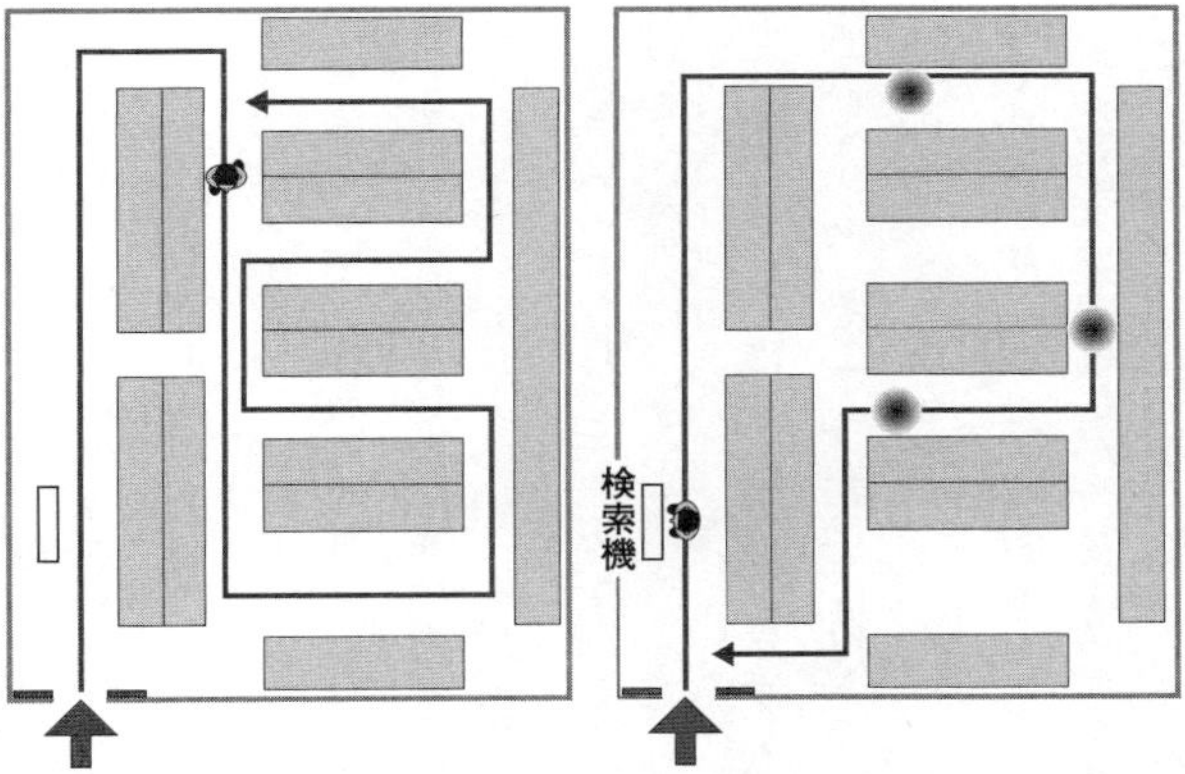
書店内をぶらぶら歩き回る
検索機に適当なキーワードを３つ入力して、各コーナーに向かう

本の検索機を使えば、思いがけない本に、短時間で出合うことができる

を限定できる。特に10～15分程度で切り上げようと思うなら、このほうがずっと効率的だろう。

この観点でいえば、もっと活用すべきなのが書店員さんだ。少し前にジュンク堂書店新宿店が閉店する際、書店員さんたちが「本音を言えばこの本を売りたかった!!」などのフェアを催して話題を呼んだ。あるいは昨今、多くの書店で書店員さんオリジナルのPOPを見ることができる。

書店にもよるが、これらの事例からもわかるとおり、彼らの本に関する知識は相当なものである。客として、それを利用しない手はないだろう。「××という本はありますか」と尋ねることはよくあるが、それだけではもったいない。

とはいえ、なんとなく雑談をする空間でもない。そこで問われるのが「質問力」だ。たったひと言の的確な質問をして、的確に教えてもらう。そんなコミュニケーションが理想だろう。

常識として、尋ねるべきはカウンターにいる書店員さんではなく、書棚の前で整理などをしている方。だいたいその方がコーナーの担当者だから、知識も豊富だ。もし新人やアルバイトだったとしても、詳しい方を呼んでくれるはずだ。

聞き方のコツは、データを引き出すこと。たとえば「このコーナーで最も売れているのは?」「このテーマで定番といえば?」といった質問なら、書店員さんも答えやすい。「最近評判がいいのは?」も可だろうが、「どれがいいですか?」「おすすめは?」はバツ。書店員さんも、そこまで責任は負えない。

◆質の高い書店員さんを探せ

ただし、書店員さんの質は必ずしも均一ではない。

たとえば、私は学生に英語の教材として、よく『速読英単語』(Z会出版)をすすめている。

別売りのＣＤもあり、長文を読みながら英単語を覚えられる仕組みになっている。何度か改訂を重ね、現在は「第５版」。それまでの「第４版」とは、英文がかなり入れ替わっていた。

ところが以前、ある書店でこの本の「第５版」を見ていたら、その横には「第４版」のＣＤが並べられていた。間違って買ってしまっても、まったく役に立たない。これは担当者の不注意以外の何物でもないだろう。

あるいは、よく似たタイトルの本を持っていた学生がいたので、「それは違うよ」と指摘したところ、「書店員にこれを渡された」という。確認しない学生本人も悪いが、聞き間違えて別の本を渡してしまう書店員さんも悪い。おそらく、もともと商品知識が乏《とぼ》しかったために、見分けることができなかったのだろう。

「こういう書店には二度と行くな」などと目くじらを立てるつもりは毛頭《もうとう》ないが、「書店員さんのレベルにも幅がある」ことは覚えておいたほうがいい。「黙って買うだけなら近所の××書店、ちょっと尋ねながら買うなら遠くの○○書店まで足を運ぶ」と決めておくのもいいかもしれない。

どんな商売でも、こういう問題はつきものだ。たとえば家電製品などを買う場合、値段もさることながら、店員さんがいかに丁寧に説明してくれたかも重要な選択ポイントだろう。重要度の点では低いものの、書店も同じである。

むしろ、質の高い書店員さんのいる店で積極的に買うようにすれば、その書店員さんへの応援にもなる。それに触発されて他の書店員さんも質を高めるようになれば、いい意味で競争が起きて書店全体が活性化する。そうすれば私たちは、書店に行くのがますます楽しくなる。そんな好循環が生まれることを願ってやまないし、実際に可能だと思っている。

以下に、もっと書店を楽しむ方法を考えてみよう。

◆書棚を通じて書店員さんと「会話」する

かねてより、私は読売新聞で「本のソムリエ」というコーナーを担当している。読者から寄せられる様々な相談に答える形で、おすすめの本を紹介するのである。たとえば「男のなかの男に憧れている草食系男子です。いい本ありますか」と来たら、「さしあたり吉川英治の『宮本武蔵』や司馬遼太郎の『竜馬がゆく』などはどうでしょう。彼らを見習えば、男のなかの男になれますよ」といった具合だ。

この手の相談は私にとって得意中の得意分野だが、同じような役割を、実は書店員さんも担《にな》えるのではないかと思っている。もともと彼らは、本が好きだからこの職に就いているに違いない。本という人類の叡知の結集を扱うことに誇りを持ち、ついでに自身も最先端の知識を身につけられることを楽しみにしているような人々であると信じたい。

書店は、そんな彼らのキャラクターがもっと発揮される場であってもいいはずだ。とはいえ、客に対して「どんなものをお探しですか」「これなんか最近の流行ですよ」「一度お試しになって……」などと矢継ぎ早に接してくるとなると、かなり鬱陶《うっとう》しい。書店員さんも本意ではないだろう。

そこまでしなくても、たとえば書棚単位で小さなフェアを頻繁に企画するとか、あまり流通に乗らないような希少本を集めてみるとか、ＰＯＰの書き方を工夫するとか、個性の出し方はいろいろ考えられる。あまりに前衛的では客がついていけないかもしれないが、そこはご愛嬌。本好きの矜持《きょうじ》を客に披露してやろう、ぐらいの感覚でいてくれればちょうどいいのではないだろうか。

こういう書店員さんを増やすには、客の反応が欠かせない。面白い書棚をつくっている書店を見つけたら、なるべく頻繁に通ってみる。それが自分の趣味・興味に合っていたら、ちょっと長居して立ち読みしてみる。それによって気に入った本に出会えれば客としてもラッキーだし、書店員さんも冥利《みょうり》に尽きる。もっといい書棚をつくってやろうという気にもなるだろう。

そこでどんな本が売れたかという独自のデータから、ならばこんな本も揃えてみよう、という「おすすめ」の算段が立つ。このあたりは、誰よりも本の情報に精通した書店員さんにしかできない芸当だ。

それは客にとって、いいソムリエにアドバイスを受けるも同然だろう。いちいち言葉を交わさなくても、両者のあいだで濃密なコミュニケーションが可能になるのである。

◆書店に「忠誠心」を持とう

かつてセブン&アイ・ホールディングスCEOの鈴木敏文さんと対談させていただいたとき、「店の経営は、いかにお客さまにロイヤルティ(忠誠心)を持っていただくかが大事」という話を伺って驚いたことがある。従業員やアルバイトが店のために尽くすならわかるが、客まで店に忠誠心を持つものだろうか。私がそう尋ねると、鈴木さんは「それが持つんですよ」と平然とおっしゃった。

たとえば同じ商品を買うにしても、数多くあるコンビニのなかからセブンイレブンを選ぶ。通勤・通学の道すがらにいくつコンビニがあっても、必ずセブンイレブンに立ち寄る。そんな客の行動心理は、言われてみれば確かに理解できる。いわば、その店の「ファン」「ひいき」になるわけだ。

　では、人はどういうきっかけでファンになるか。「ダメであるほど応援したくなる」というかつての阪神タイガースファンのような奇特な人もいるが、こと消費行動については皆、もっとシビアだ。価格や品揃え、接客態度、店の雰囲気、アフターサービス、立地など、客の要求は多岐にわたる。その総力戦で勝ち抜いた店が、多くのファンを獲得できるのだろう。だから店という店は、あの手この手で努力を続けなければならないのである。

　もちろん書店も例外ではない。価格競争はないが、その他の部分ではかなり差別化が進んでいる。

　たとえば最近、フロアに椅子やテーブルまで置く書店が増えつつある。厚かましい客なら、そこに陣取って1時間でも2時間でも読みふけることが可能だ。出たばかりの新刊を一気に読了することもできるだろう。かつて書店で立ち読みするといえば、小うるさいオヤジにハタキで追い払われるのが常だった。その時代に比べれば、今は隔世の感がある。

　これは、書店が単純に寛大になったためではない。そこまでサービスされたら、客としても夕ダで帰るわけにはいかないと考えるのが人情だ。全員がそうではないとしても、一部の客は本を買って帰ろうと思うはずである。あるいは固定客にもなるだろう。書店はそこまで見込んでいるに違いない。

つまり、長く「座り読み」されることによるデメリットと、その客が継続的に本を買ってくれるメリットを天秤にかけて、後者のほうが大きいと判断したわけだ。これも、書店による差別化であり、ファン獲得の一手段である。客としては気兼ねなく長居すればいいし、その代わりコンスタントに買うことも忘れてはならない。

そういう観点で見てみると、書店によってけっこう個性があることに気づくはずだ。テーブル等を用意する店もあれば、書棚のラインアップを工夫している店もある。ＰＯＰに異常なまでの情熱を注ぐ店もある。あるいは通路の幅が狭い店も広い店も、照明が明るい店も暗い店も、ＢＧＭがやかましい店も静かな店もある。

あとは、自分にとっての「居心地のよさ」を基準に、好みの書店を見つけ出せばよい。それはちょうど、ラーメンを食べ歩いて好みの店を見つける感覚に近い。そう考えると、書店に行く楽しみがまた一つ増えるのではないだろうか。

なお当然ながら、その結果としていくつかの書店のファンになること、つまり忠誠心を持つことは、けっして苦痛ではない。忠誠心とは、言い換えれば信頼感・安心感であり、極論すれば「心の拠《よ》りどころ」である。たとえば何かイヤなことがあったとき、「あのラーメンを食べて忘れよう」と思うのと同じように「あの書店に駆け込んで忘れよう」と思えるなら、きわめて豊かな日々を送れるに違いない。

◆ケータイに書店の電話番号を登録しよう

ところが昨今、地域にある小さな書店がどんどん姿を消している。「本が売れない」といわれて久しいし、ネットで買う人も増えているから、放っておけばますます消えていくだろう。

私はかつて西武池袋線の江古田《えこだ》駅近辺に住んでいた。日芸などがある学生街であることもあって界隈《かいわい》には個性的な書店がいくつもあり、私は足しげく通ってよく買っていた。だがいつの間にか書店が減ってしまい、随分寂しい思いをしたものである。

書店のみならず、地方都市では「シャッター通り」とか「ゴーストタウン」と呼ばれるように、地域の街が寂《さび》れつつある。人口減少や高齢化、ネットの普及、不景気の影響もあるだろうが、それではますます人が住みにくくなり、ますます寂れていくという「負のスパイラル」に陥るだけだ。

とりわけ書店は、地域の知性の象徴でもある。そういう店を維持することが、地域の人々の誇りであってほしい。「わが街の書店」という意識で大事にしてほしい。そう切《せつ》に願う次第である。

ラーメン店などと違い、本はどの書店で買っても同じだ。その意味では、大型書店やネットのほうが利便性は高いかもしれない。しかし、同じだからこそ、投資のつもりで地域の書店をもっと利用してみてはいかがだろう。

その「リターン」はけっして小さくない。地域の書店が元気なら、立ち寄る楽しみが増える。散歩途中でも、通勤・通学途中でも、書店という拠点ができることは心を豊かにする。地域の文化レベルも上がる。また書店の側も、ますますカラーを出して客に応えようとするだろう。「正のスパイラル」が始まるわけだ。

ちなみに、書店をもっと利用する方法として、電話を使う手がある。買いたいと思う本が決まっているとき、行きつけの書店に電話をかけて在庫を確認し、取り置きしておいてもらうのである。

自分で探す手間が省けるし、在庫切れで徒労に終わることも防げる。たとえば昼間に電話をかけて夜の帰りがけに取りに行けば、おそらくネットより早く手に入る。どうしても時間のないとき、あるいはただちに読みたいとき限定の方法だが、効率的という意味では申し分ない。私は昔からこれを実践してきたが、同じことをしている人が周囲にあまりいないので、むしろ驚いているほどだ。

早速、ご自身のケータイに3～4軒の書店の電話番号を登録しておいてはいかがだろう。専門書やマイナーな本なら大型書店に頼るしかないが、新刊や売れ筋の本ならぜひ地域の書店に問い合わせてみていただきたい。

◆書店の「ハシゴ」で刺激の波状攻撃を

書店には、それぞれの地域を反映した盛り上がり方もある。ビジネス街の書店はビジネス書が中心になるし、学生街は教科書やサブカル系、それにマンガが多い。住宅街では子育て関連や絵本の品揃えが充実している。あるいは大型書店では、各フロアでなんらかのテーマに沿ったフェアを四六時中展開している。

現場で客の行動を見続けてきた書店員さんが、それぞれ「売れる」と踏んで本を揃えたり企画を立てたりしているわけだから、逆に書店を見れば地域の客のニーズがわかる。「市場調査」というと大袈裟だが、現在進行形でどんな本やテーマが求められているかは見えてくるだろう。

まして神保町のような古書店街となると、店舗ごとの特化が著しい。写真集しか置いていない店もあれば、理工書だけ揃えている店、古地図ばかり集めた店などもある。こういう店には、たいてい店主の心意気や嗜好に共感する常連客がいる。彼らは休日ごとにここを訪れ、品揃えの変化を楽しんだり、店主と話をしたりして過ごす。買う買わないとは別に、街の中の「居場所」になっているわけだ。

さらに特筆すべきは、今どきエロ本だけで勝負している店もあることだ。この手の需要もかなりネットに置き換わった感があるが、なお写真と活字だけで構成されているエロ本が多数つくられていること自体、驚きである。その編集者たちは、もはや「エロ文化職人」と称されてしかるべきではないだろうか。また、そういう本ばかり揃える書店の心意気も買いたい。なんにせよ、こういうバラエティ豊かなところが古書店街の最大の魅力なのだ。

古書店街のみならず、書店は「ハシゴ」してその違いを体感するのも楽しみ方の一つである。映画コーナーが充実している書店で旧作を調べてみようと思い立ち、サブカル系の雑誌が多い書店で若者文化をわかったような気になり、理工系に強い書店で最先端の科学技術に触れてみる。仮にこんな散歩コースがあったとしたら、楽しくて仕方がないだろう。脳味噌の複数の部分を刺激されて、さぞかしポジティブになるに違いない。

検索だけならネットでもできるが、「ハシゴ」のポイントは自らの体を使って動き回ること。空気を感じ、現物を見て触ることで、よりインパクトは強くなるのである。首都圏に住む人は、もちろん神保町をはじめとする書店の集まる場所におおいに通っていただきたいし、地方在住の人でも、もし東京に来る機会があれば、ぜひスカイツリーより前に訪れてみていただきたい。

時間的に、そうゆっくり「ハシゴ」できる余裕のない人もいるかもしれない。それでも日常的に、たとえば職場近くにある大型書店と、自宅の最寄《もよ》り駅前にある小さな書店ぐらいは回れるのではないだろうか。これなら無理なく両方を回ることができるし、その雰囲気の違いも堪能できるだろう。

私が懸念するのは、こういう書店が次第に街から消え、代わりにコンビニで済ませてしまおうという風潮が高まることだ。コンビニでも雑誌とごく一部の本なら買えるが、その品揃えは書店に比べればあまりにも貧弱で画一的である。仮に今後、コンビニの雑誌・書籍のコーナーが拡大するとしても限界がある。せいぜい売れ筋の本が置かれるだけだろう。

そのなかから本を選ばなければならなくなれば、寂しい思いをするのは私たちだ。

◆「予習」「復習」のすすめ

ほんの暇つぶしに書店に立ち寄るのもいいが、事前にある程度「予習」をしておくと、より充実した時間を過ごすことができる。

といっても、けっして面倒な話ではない。普段ネットでブログなどを見ていると、様々な本の書評が少なからず目に入る。それを意識的にチェックしてみると、なかには「読んでみたいな」と思う本もあるはずだ。その時々にメモしておけば、自然に「読んでみたい本リスト」ができあがる。これが「予習」だ。

このリストを持って、あるいは頭に入れて書店に行くと、なんとなくそれらの本を探してみようという気になる。書評を思い起こしながらパラパラめくってみると、買って読みたいかどうかの判断もつく。あるいは同じ著者の別の本や周辺にある本と比較することで、レベルもだいたいわかる。もしかしたら、同じテーマでもっと自分に合う本に出会える可能性もある。いずれにせよ、最初にこういう「引っ掛かり」を持つことで、滞在時間にムダがなくなるのである。

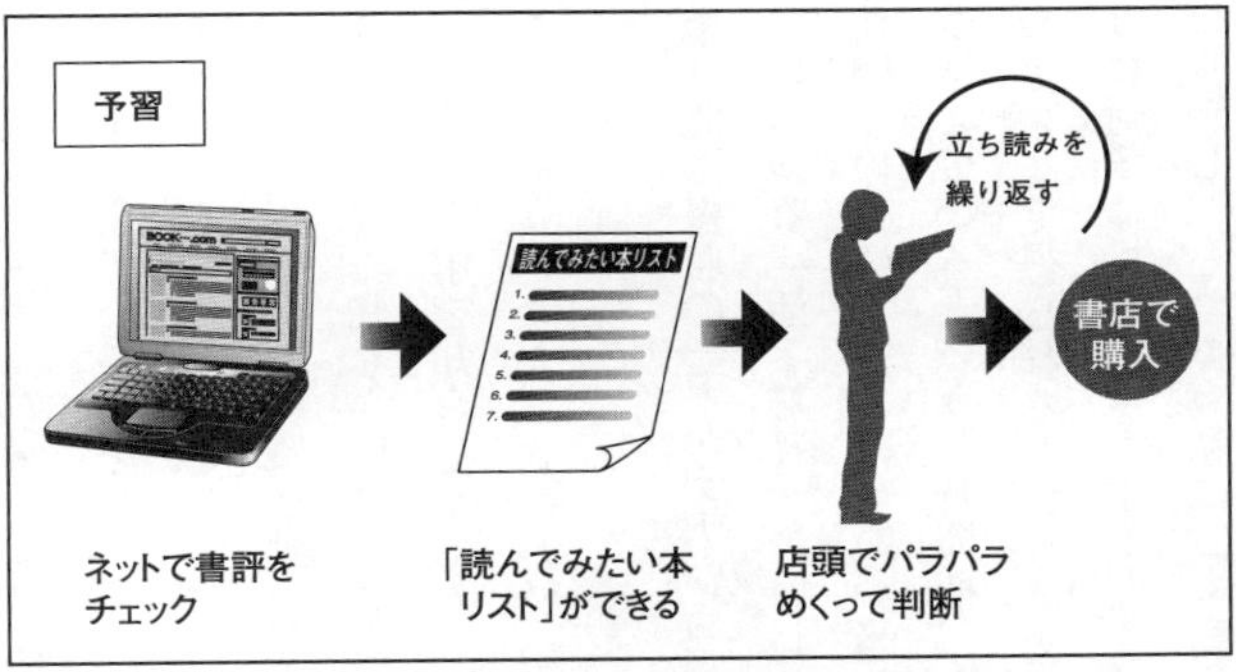

日頃から気になる本をリスト化しておけば、滞在時間にムダがなくなる

もちろん、その場で面白そうだと思っても、すべて買う必要はない。特に、時間がないときの「見切り買い」は危険だ。その場は目星を付けるだけでやめ、たとえば同じように3回立ち読みして「やっぱり面白そう」と思ったら買う、といったルールを決めてはいかがだろう。これなら、かなりの精度で「買ってよかった」と思える本に出会えるはずだ。

同時に実践していただきたいのが「復習」だ。こちらは書店に行ったとき、その場で「面白そうだ」と思える本を5冊ぐらい見つけてリスト化することだ。10分もあれば、これぐらいのアタリはつけられるだろう。

そうすると、書店に行けば行くほどリストは膨らんでいくことになる。「予習」と同様、そのなかでも本当に面白そうなら買えばいいが、別に買わなくても構わない。ポイントは、あくまでもリストを充実させることだからだ。世の中にどういう本が出ているかを知っていること、そして、その本を一度でも手に取って見たことがあるという経験が大事なのである。

たとえば学生の就職活動の際にも、話題の本について話を振られることがある。そのとき、まったく知らなければ話にならないが、多少でも見たことがあればなんとかなる。あるいはその本を知らなくても、関連する本について知っていれば話をすり替えることができる。そうすると、「感度がいい」という印象を与えることができるのである。

◆新聞は書店の「アンテナショップ」だ

いわゆる「活字離れ」がいわれて久しいが、その一因は「新聞離れ」にもある。かつて新聞といえば、多くの家庭が当たり前に定期購読するものだった。だが今は、やめる家庭が増えているという。時節柄、支出を切り詰めたい事情もあるだろうし、情報ならネットやテレビで得られるという考え方もある。「御用新聞」とか「偏向報道」とか、紙面づくりに対する批判の声もよく聞く。

しかし、それでも私は、家庭単位で最低1紙は定期購読し続けるべきだと考えている。

私が静岡の実家にいた頃は、父が4紙を購読していた。だから東京で一人暮らしを始めたとき、自然に新聞を購読した。自宅に毎朝届けば、精読とまではいかないまでも、とりあえず目は通すだろう。見出しを拾い読みするだけでも、世の中で何が起きているのかを概観できる。記事の大きさによって、重要性もわかる。ネットやテレビとは違って受動的な姿勢で接するからこそ、それまで知らなかったことも網羅的に知ることができるのである。

この作業は、前述した「予習」の王道でもある。何かの記事を読んで興味を持ち、「もっと知りたい」と思ったら、その熱が冷めないうちに書店に飛び込むことをおすすめしたい。ネットでもある程度は調べられるが、体系的に学べるのは本である。たった一本の記事から芋づる式に本を読み始め、ある分野の知識を深めることができるとすれば、それだけでも新聞を取り続ける価値はあるだろう。

そこで私は、大学の授業でしばしば新聞を使う。各自興味を持った記事を切り抜いてノートに貼りつけさせ、自分なりのコメントを書き込んで全員の前で発表してもらう、といった具合だ。なかなか新聞を読もうとしない学生に、読む習慣をつけさせることが主な目的である。

政治面にしても経済面にしても、あるいは国際面にしても、その一本の記事だけで全体像を把握できることはまずない。ましてコメントを書くとなると、それまでの経緯や周辺情報まで調べる必要がある。それ自体が勉強になるし、本を読むきっかけにもなる。それに、一度こういう経験をしておくと、その後の後追い記事や関連本にも興味が向かう。いわば「アンテナ」が新設された状態になるわけだ。

こういう「アンテナ」を立てて書店に行くと、書棚がまるで違って見えてくるだろう。それが成長の証《あか》しというものである。

まして社会人となると、どんな仕事であれ、もっと新聞を読まなければならないはずだ。だが忙しさにかまけておざなりになったり、読んでもすぐに忘れてしまったりする。私の授業のような機会もまずないため、深く読んでコメントしようというモチベーションも働きにくい。

ならばせめて、広告の部分だけでも目を通すことを習慣化していただきたい。だいたい1面の下部には「サンヤツ」と呼ばれる名刺大の書籍広告のスペースが8つあり、2面以降は「全5段」または「半5段」と呼ばれる大きな書籍広告や雑誌広告が並んでいる。力のある作家や勢いのある出版社の場合には、ときどき全面広告を打ち出すこともある。

それらを眺めていると、どんな本が売れているかがだいたいわかるはずだ。「サンヤツ」

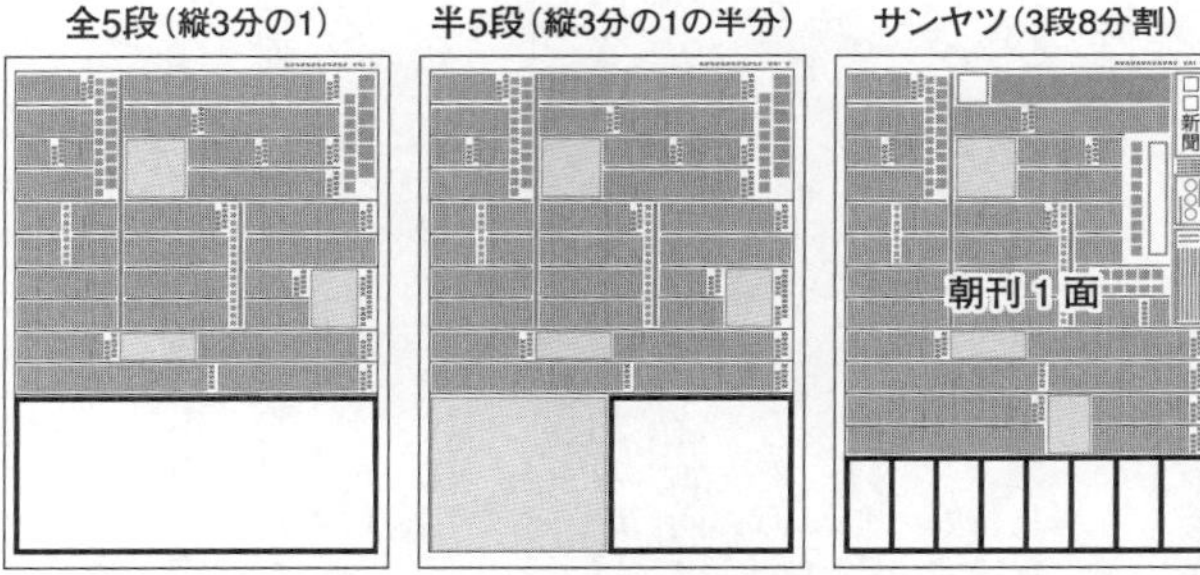

新聞広告に目を通すことで、売れている本や世の中のニーズがつかめる

を見て「こんなテーマで一冊になるのか」と驚くこともあるし、「全5段」「半5段」の「たちまち重版！」とか「10万部突破！」といった売り文句から、世の中のニーズをつかむこともできる。

それらを知ると、実際にどんな本なのか、手に取ってみたくなるのが人情だろう。書店への足どりも軽くなるはずだ。つまり新聞広告自体が、書店の「アンテナショップ」的な役割を果たしているのである。

◆「ベストセラー」を読んだほうがいい理由

仕事柄、私は講演等で全国各地へよく出かけるが、その際に必ず立ち寄るのが空港や駅ナカの書店である。およそ移動時間は、読書に最適だ。その貴重な時間をムダにしないために、何冊か買って乗り込むのである。時間がないときには、キオスクの小さな書棚から選ぶこともある。

ただ周知のとおり、これらの書店の規模はたいてい小さい。品揃えも、普段読まないような軽めで売れ筋の小説が中心だ。一方、自宅には未読の本が山のようにある。そこから何冊か持参すれば済む話だが、私はあえてそれをしない。むしろ、売れ筋の小説を読む機会と割り切ってとらえているのである。

そうすると、なかには口に合わない本もある。その本が何かのランキングで1位だったりして、驚かされることも多い。しかし、それは現実として素直に受け止め、なぜ売れているのかを考える。あるいは世の中と自分の感覚のズレを痛感する。これも一つの経験であり、勉強である。目的地に着く前にその分析を終えると、「有意義な時間を過ごした」と爽快感を味わえるのである。

「ベストセラー」と呼ばれる本はいろいろあるが、自分にとってすべて面白いとは限らない。特に小説の分野は、好き嫌いが分かれるところだ。しかし、それでも機会があれば、ぜひ読むことをおすすめしたい。そこには「世の中を知る」意味もあるが、もう一つ、人と話を合わせやすいというメリットもある。

たとえば、ドストエフスキーの『賭博者』『地下室の手記』などはたいへん面白い小説だが、読んでいる人はきわめて少ない。だから、この作品について誰かと話せる機会はめったに訪れない。

その点、ベストセラーなら、読んでいる人と巡り合う可能性は少なからずある。あるいは読んでいなかったとしても、「流行のあの本」として話題にすることはできる。それで話が膨らめば、たとえ質的には今一つだったとしても、もう充分にモトが取れるだろう。むしろベストセラーは「人と話を合わせるために読む」と割り切ったほうがいいかもしれない。

いささか余談ながら、小説界におけるベストセラーの威力は凄まじい。私がよく行く大型書店では、一つの書棚が佐伯泰英《やすひで》さんの作品だけで占拠されている。それだけ圧倒的に売れているということだ。

確かに知り合いの編集者によると、読者から「次の作品はいつ出る？」といった問い合わせがよく来るという。あの時代小説の雰囲気に浸りたい、というニーズがきわめて強いらしい。もちろん、それは佐伯さんの卓越した手腕によるものだが、見方を換えれば、世の中の多くの人があいう世界観を求めているということだ。そういうことを肌で感じられるのも、書店の醍醐味である。

◆「ロングセラー」にハズレなし

少し前、あるラジオ番組で早稲田大学名誉教授の加藤諦三《たいぞう》さんとご一緒させていただいた。加藤さんといえば、１９６０年代から今日《こんにち》まで、心理学や自己啓発関連の著書を数多く出されていることでも知られている。ラジオ番組は聴取者からの人生相談を直接受けるもので、加藤さんはそのパーソナリティとしての出演も長い。私はそこに、ゲスト回答者として呼んでいただいたのである。

そのときの相談者は30歳代の男性で、相談内容は「奥さんの人間性がどうしても気に入らない」というものだった。先に回答を求められた私は、「子どもに意識を集中したら?」とか「奥さんに何か言われたときは、重く考えずに軽く返しては?」などと話した覚えがある。私なりに考えて、かなり丁寧に答えたつもりである。だが相談者は、今一つ納得いかない様子だった。

ところがその後、「真打ち登場」とばかりに加藤さんが話し始めると、相談者の姿勢は一変した。「周囲に不満を持っている人は、自分自身に不満を持っていることが多い」と加藤さん。「あなたはもしかしたら、自分自身に不満があるのでは?」と問いかけると、相談者は「そうですね」と素直に応じた。さらに「あなたは、自分に厳しすぎるのかもしれませんね」と加藤さんがアドバイスすると、相談者もいたく納得したようだった。
さすがに、これが長年のご経験によって培《つちか》われた技術というものだろう。ずっと本を出し続け、幅広い読者に支持され続けてきた理由を、私はこの瞬間に垣間見た気がしたのである。

考えてみれば、世に「ロングセラー」と呼ばれるものは少なからずある。音楽でいえばMr.ChildrenやB'zなどは、新曲を出すたびに無条件でヒットチャートを駆け上がる。それは誰かが操作しているわけではなく、ひとえに類稀《たぐいまれ》な実力・魅力のなせるワザである。つまり「ロングセラー」になるには、相応の理由があるということだ。

本も同様である。一時の勢いで売れるベストセラーも面白いが、ロングセラーはまた性質が違う。たとえば10～20年にわたって売れ続けている本には、それなりのよさがある。内容が信用でき、誰が読んでも損はないということだ。外山滋比古《とやましげひこ》さんの『思考の整理学』（ちくま文庫）などは、その典型だろう。

そこで書店に行ったとき、ロングセラーを中心に探してみるのも面白い。手っ取り早いのは、平積《ひらづ》みまたは面出《めんだ》し（表紙が見えるように棚に置いてある状態）になっている本に着目してみること。そこには新刊が並ぶことが多いが、旧刊も並んでいるとすれば、それはそ

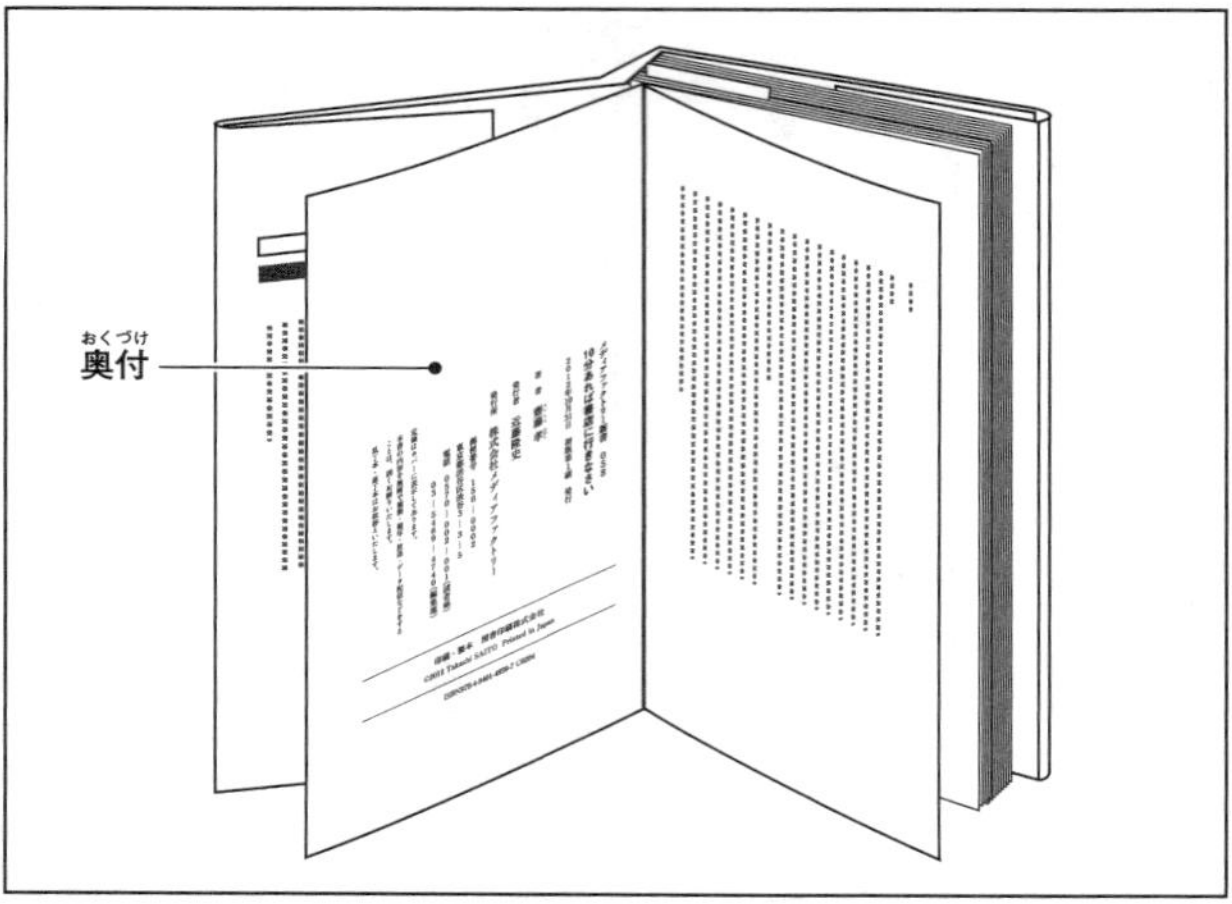

巻末の奥付を見て、初版年が古い本や「版」を重ねている本はロングセラー

の書店で相当に強い商品と考えられる。

さらに奥付《おくづけ》（巻末にある書誌情報を記したページ）を見て、初版年がかなり昔だったり、何度も版を重ねていたりすれば、誰が読んでも面白い本と考えて間違いない。

むしろ書店の側も、ベストセラーのコーナーだけではなく、「ロングセラーコーナー」もつくってみてはいかがだろう。ジャンルを問わず、「〇年以上売れ続けている本」「〇万部以上売れている本」といった単位でコーナーを分ければ、書棚はかなり面白い構成になるはずだ。

◆「平台」はデザインの見本市

東京ローカルのテレビ局・東京ＭＸテ

レビの夕方の番組『5時に夢中！』には、「装丁《そうてい》ジャンケン」という名物企画がある。凝った装幀《そうてい》の本を2冊、それぞれ出版社の担当者が登場して紹介し、それを作家の岩井志麻子さんと新潮社出版部部長の中瀬ゆかりさんが評論して優劣を決めるというものだ。

それを見ていると、編集者をはじめ著者やデザイナーがどれほど装幀に思いを込めているか、中身の魅力を伝えようと工夫しているかがよくわかる。私などは、その熱意を知っただけで買いたくなってしまうほどだ。

考えてみれば、装幀は本の大切な一部である。最初に人目に触れるという意味では、「顔」のようなものだ。人前に出る以上、みっともない顔はできないし、より美しく、印象的に見せようと気合が入るのも当然かもしれない。

一方、読者にとっても装幀は重要な要素だ。単に「きれい」「面白い」と思うだけではなく、本のイメージがデザインという形で残る。タイトルを聞けば装幀を思い出すし、装幀を見れば内容を思い出せる。つまり、脳の中にその本の「居場所」ができるのである。これは、ネット情報や電子書籍には真似《まね》のできない芸当だ。

そこで、装幀を楽しむという観点で書店に行ってみるのもいいかもしれない。平台《ひらだい》で展開されているのは、さながらカバーデザインの見本市である。新書や文庫に押され気味の、お世辞にも売れ筋とはいえない単行本が中心になるが、だからこそ必死の形相《ぎょうそう》がうかがえよう。文字の色や配置、写真やイラストの使い方、オビとのバランスやそこに書かれたキャッチコピー等々、見どころは満載だ。

さらに手に取ってみると、紙の質や本文のレイアウトまで凝っていたりする。同じような大きさ・ページ数の本でも、重さが随分違うことに驚かされることもある。まさに「神は細部に宿る」のである。

本に限らず、今やデザインはどんな商品やサービスにとっても大事な要素だ。その感性を磨き、ヒントを得ようと思うなら、書店は最適な空間といえるだろう。

第4章のポイント

◎書店員さんに質問するときは「このテーマで定番といえば？」など具体的に
◎面白い書棚をつくっている書店を見つけたら、なるべく頻繁に通ってみる
◎昼間に書店に電話をかけ、帰りがけに取りに行けば、ネットより早く手に入る
◎書店を見れば地域の客のニーズがわかる
◎「アンテナ」を立てて書店に行くと、書棚がまるで違って見えてくる
◎ランキングを見て、なぜ売れているのかを考える
◎ベストセラーは「人と話を合わせる」ために読む
◎カバーデザインを眺めれば、デザインやキャッチコピーのヒントが得られる

第5章

「心のオアシス」としての書店

◆誰もが直面するメンタルの危機

今やこの国でメンタルケアを必要としない人は、ほとんどいないだろう。飢餓に直面したり、生命を脅《おびや》かされたりといった意味での危機は少ないが、その代わり日常のストレスはきわめて大きい。

原因の一つは、潮の流れの速さだ。パソコンやケータイの普及で、扱う情報量も仕事量も格段に増えた。就職難や失業が社会問題化する一方で、一部の人にはハイレベルな仕事が集中する。いずれの立場も、安住とはいえない。

それに、環境や価値観の流動化も激しい。ひと昔前まで、多くの日本人は固定化した人間関係のなかで、固定化した観念を持って生きていた。職場の同僚は家族同然の仲間であり、給料も普通に働いていれば自然に上がった。結婚はするものであり、子どもは生むものであり、だから適齢期になると誰彼となく世話を焼く人が現れた。

その枠の中で生きていれば、良《よ》かれ悪《あ》しかれ先行きが見えている分、変化は大きくなかった。それはちょうど、農民が農民として生き、農民として死んでいくようなものである。

ところが今は、その枠が壊れつつある。就職しない人もいるし、結婚しない人もいる。一見、以前よりずっと自由な世の中になったわけだが、そう実感している人は少ないだろう。枠が壊れて解放されただけで、受け皿がないからだ。結局、就職したくてもできない人、結婚したくてもできない人が増えただけである。これが、底なしのストレスをもたらしているわけだ。

そのうえ、中心になる精神性を構築し切れないまま、20代を迎えている人も多い。経済的・物質的に豊かな環境で育ってきたため、精神を鍛える場が少なかったのである。そういう人がいきなり社会の強いストレスにさらされれば、脆《もろ》く崩れることは火を見るより明らかだ。

◆会社はもはや「安住の地」ではない

これは、もはや個人レベルの問題ではない。これまで日本経済を支えてきた大手家電メーカーが、軒並み苦境に立たされている。大幅な赤字、業務縮小・撤退、そして大規模なリストラといった話を聞くと、関係者ならずとも寂しい気持ちになる。

とりわけショックなのは、ソニーの元気のなさだ。トランジスタラジオに始まり、トリニトロンテレビ、ウォークマン、プレイステーションなど革新的な製品を次々と世に送り出してきた歴史は、戦後日本の復興・発展の歴史と重なる。一流ブランドとして世界中で認知されたことが、日本人にとって誇りだった。だから、逆に業績が低迷していると聞くと、日本経済の停滞を象徴しているように思えてしまうのである。

もちろん、要因はいろいろ考えられるだろう。国内外の経済環境が厳しいことは、私にもわかる。だが伝聞によれば、ソニー内部でも風土の変化が見られるという。

かつてソニーには、業務とは直接関係のない研究や実験を、自ら残業して行う社員が少なからずいたらしい。それには会社の設備とお金を使っていたが、会社側は大目に見ていた。そういう風土だから社員の好奇心が醸成され、社内は活性化し、新しい製品やアイデアが次々と生まれたわけだ。

しかし今、そういう社員が減っているという。一つには、組織の肥大化に伴い、経営上の理由で個々人の「暴走」を認めにくくなっているのかもしれない。また社員の側も、そこまで仕事に執着しない人が増えている可能性もある。本業が多忙をきわめ、余計なことをしている余裕がないとも考えられる。だとすれば、社内から新たな活力は生まれにくいだろう(私は取り立ててソニーに詳しいわけではないが、立石泰則《たていしやすのり》さんの『さよなら!僕のソニー』(文春新書)などを読むと、90年代の「変質」がよくわかる。これも読書の効用だ)。

ソニーに限らず、好奇心を封印され、就業の規則が厳しくなったり忙しくなったりするばかりの職場だとすれば、社員に求められるのはひとえに忍耐ということになる。実際、そう認識している人は多いのではないだろうか。だが、日々の仕事が忍耐ばかりだとすれば、あまりにもつらすぎる。いくら給料を上積みされても、おそらく長続きしないだろう。

そこに必要なのは、ちょっとだけ立ち止まって考える余裕であり、仕事そのものへの興味であり、好奇心を喚起するような仕掛けである。つまり、自分なりに「メンタルトレーニング」を実践するわけだ。

といっても、難しく考えることはない。最も手っ取り早いのは、「心が落ち着く場所」を見つけることだ。

たとえばキャリアアップを目指し、資格取得の勉強をするのも一つの方法だ。日々の仕事がつらくても、将来に希望が持てれば耐えられるかもしれない。とはいえ、勉強それ自体はつらい。少なくとも余裕や好奇心を生むものではない。仕事の痛みを勉強の痛みでまぎらわすようなもので、かえってストレスを溜めるおそれもある。

あるいは、映画館でストレスを発散する人もいる。何か嫌なことがあっても、2時間だけ映画の世界に浸ることで、気分的に救われる。問題が解決するわけではないが、少し距離を置いて考えられるようになる。そんな経験は誰にでもあるだろう。私もその一人で、むしろそのために映画館に入ることもあるほどだ。だが、連日のように映画館に入り浸ることは、時間的にも経済的にも難しいだろう。

そう考えると、選択肢は自《おの》ずと限られてくる。仕事とやや関係しつつ、好奇心を刺激され、しかも短時間でリラックスできる方法といえば、まず書店に駆け込むことがベストではないだろうか。

◆勉強・仕事の疲れは書店で癒せる

次元は違うが、若い頃の私にとって、書店はまさに「オアシス」だった。大学に現役合格できず、仲間とともに東京に出てきて浪人生活を送っていたが、受験勉強は周知のとおり砂を嚙むように味気ない。そんな日常から逃れるように、書店に通って心の安定を得ていたのである。

余談ではあるが念のために言っておくと、私は若者にとって受験勉強はけっしてムダではないと思っている。確かに面白みはないし、特に苦手科目の勉強となると苦痛ですらある。しかし、それでもやり続けることによって問題処理能力が磨かれる。とにかく状況を打開しようと頭を使うからだ。

そういう経験があると、社会人になって苦手な仕事に直面したときでも、逃げずに対処できるようになる。知識を頭に詰め込むことも重要だが、こういう技術的・精神的な部分での経験値が糧《かて》になるのである。

たとえば私の東大時代の友人に、「事務仕事が大嫌い」と言ってはばからない男がいた。実際、大学の入学手続きでさえ逃げ出したかったというから筋金入りだ。だが就職後、異動で事務仕事を専門に行う部署に配属された。彼はすっかり気落ちし悩んだ。

ところが「とりあえずやってみるか」と心に決めて取り組んだところ、意外と簡単にできてしまったらしい。感覚的に食わず嫌いだっただけで、実は事務仕事が得意な自分に気がついたそうである。

考えてみたが、彼が事務仕事を軽くこなせたのは、入試をくぐり抜けてきた以上不思議ではない。頭の良《よ》し悪《あ》しは別として、東大に合格するぐらいだから、相応の問題処理の訓練は積んでいる。最近は問題処理能力より問題発見能力のほうが重要といわれるが、少なくとも受験勉強が仕事上のベーシックな能力を高めたことは間違いない。

むしろ私が懸念しているのは、大学全入時代の到来やAO《エーオー》入試(学力試験を課さず、書類審査や面接などで選抜する入試制度)や推薦入学の台頭によって受験勉強で鍛えられる学生が減ることだ。それは、苦手なことに取り組む姿勢や処理技術の低下、つまり日本人の能力が落ちることを意味する。ただでさえ国際競争が激化するなか、これでは戦うこともできないだろう。

話をもとに戻そう。ただし受験勉強がつらいことは間違いない。教科書の記述には新鮮さのカケラもないし、それを隅々まで頭に叩き込むことには刺激も喜びもない。ずっと机に向かっていると閉塞感が漂うし、日程が迫れば焦りも加わる。だからその反動として、私は勉強で煮詰まると近所の書店に逃げ込んだのである。

そこにあるのは、教科書とは対極にある新鮮な本の山であり、そのなかから興味のおもむくままに選べる自由である。おかげで、勉強によって狭《せば》まった視野がパノラマ状に開かれるような解放感に浸ることができた。そこでしばらく新鮮な空気を吸い、満足したら受験勉強に戻る。そんなサイクルが、私の浪人生活を支えていたのである。同じ境遇にいると考えることも似てくるらしく、近所の書店ではよく浪人仲間と遭遇した。

その感覚が残っているため、私は今でも書店通いを欠かさないし、悩める人こそ書店に行けとすすめている。社会人になると、さすがに受験勉強からは解放される。しかし、もっとつらい目に遭うことも少なくない。それを癒してくれるのが書店なのである。

◆「啓発書」は、心を落ち着かせるためにある

悩み事やストレスを抱えているとき、あるいは気分が落ち込んでいるとき、書店で時間を過ごすことで緩和する。出てくるときには多少なりともスッキリしている。そんな習慣ができれば、さぞかし助かるのではないだろうか。

現実に、書店にはストレス解消法や様々な悩みに答える本、元気づける本があふれている。それも心理学的にアプローチしたものもあれば、人間関係などについて具体的なノウハウを提示したものもある。その幅広い選択肢のなかから、読者は自分のニーズに合ったものを選べるわけだ。

たとえば10年ほど前、『小さいことにくよくよするな！』（リチャード・カールソン著・小沢瑞穂訳・サンマーク出版）という本がベストセラーになったことがある。きわめて直截《ちょくせつ》的なタイトルだが、逆にいえば多くの人が「小さいことにくよくよ」して、この本に救いを求めたということだ。

このなかからいくつかの項目を読み、元気づけられたり、心が軽くなったりしたとすれば、それだけでも書店に寄ってよかったと思えるだろう。「自分が落ち着く場所」としての価値は、充分にある。

あるいは、世の中にはもっと苦労している人、過酷な境遇から不屈の精神で立ち上がった人が無数にいる。そういう人の自伝や評伝を読むことで、自らが鼓舞されることも少なくないはずだ。

たとえば自転車競技ツール・ド・フランスのヒーローであるランス・アームストロングの半生記『ただマイヨ・ジョーヌのためでなく』（安次嶺佳子訳・講談社文庫）などは、壮絶以外の何物でもない。若くして自転車競技界のトップにのぼり詰めた著者の日常は、癌《がん》を患うことで暗転する。だが周囲の支えもあって復活し、ついには再び頂点に立つことになるのである。

こういう本に接すると、自分がどれほど苦境に立たされていたとしても「これに比べればまだ甘いな」「自分もがんばればなんとかなるかもしれない」と思えてくる。そんな気持ちにさせてくれる映画やドラマもないわけではないが、こちらは完全なノンフィクションであり、しかも本人の著書である。伝わってくる迫真性やエネルギーが、まるで違う。

ちなみにアームストロングは昨今、あらためて過去のドーピングが問題視され、全米アンチドーピング機関（USADA）から「7年連続優勝」の記録抹消と競技からの「永久追放」を宣告された。どこまでも波乱がつきまとう人である。自伝の「続編」に期待したいところだ。

それはともかく、書店に行けばこういう本に巡り合える。結果的に買うかどうかは別として、手に取ってパラパラめくってみるだけでも、そのエネルギーを感じることができるだろう。つらいときこそ、本である。

◆書店ほど都合のいい「上司」はいない

さらに、書店は「気づき」をもたらしてくれる。

「最近の若者は打たれ弱い」とよくいわれる。会社でちょっとキツいことを言われたり、嫌なことがあったりすると、たちまち心を閉ざしてしまう。場合によっては出社しなくなったり、そのまま退社してしまうこともあるらしい。

そういう事態を恐れるあまり、最近は上司もなかなか若い部下を叱れないという。おかげで部下はいつまでも仕事を覚えないし、妙に勘違いして取引先や会社に迷惑をかけることもある。

そういった若者こそ、傷口が大きくなる前に書店に行くべきである。上司の代わりに叱ってくれるわけではないが、鼻っ柱を折りつつ心を折らない絶妙な「処方箋」が用意されているからだ。

たとえばビジネス書のコーナーに行くと、たいてい「時間管理術」について説いた本がある。それらをいくつか立ち読みしてみると、少なからず目から鱗《うろこ》のノウハウに出会えるだろう。そもそも前例のない斬新《ざんしん》なノウハウだからこそ、本の企画として成立したはずだからだ。

それは同時に、いかに自分がムダな時間の使い方をしてきたか、気づかされることでもある。しかし本は、けっして読者を厳しく叱責したりはしない。周囲に人がいるなかで、恥をかかせるようなこともしない。あくまでも一般向けに書かれているので、ダメな部分を指摘されてもダメージが少ない。だから素直に、そして密《ひそ》かに反省し、ノウハウを吸収しようという気になれるのである。

しかもビジネス書のコーナーには、この手の本が無数にある。「時間管理術」に限らず、ビジネスパーソンとして必要な能力や心構えを教えてくれる本もあるし、弱気になっている自分をあの手この手で励ましてくれる本もある。誰もが認める一流のビジネスパーソンの著書もある。それらに目を通すたびに、素直に自分の弱点を意識化できるのではないだろうか。

言い換えるなら、自分の弱点を探るには、人に言われるのを待つより書店に通ったほうがいいということだ。とりあえずビジネス書を手当たり次第に開いてみれば、なんらかの「教え」があるはずだ。しかも相手は活字だから、余計な感情のしこりを残さずに聞き入れることができる。

それに、常に最新の情報が提供されているし、社内でしか通用しないローカルルールでもない。あるいは本に書いてあることが間違っていると思えば、そっと書棚に戻せば済む。これほど都合のいい「上司」は、他にいないだろう。

◆書店のポジティブな波に揉まれよう

私が書店に対して抱くイメージは、「前向きの波があるプール」である。ドボンと飛び込むだけで、勝手に前方へ押し流してくれる。しかも、けっして早すぎず、遅すぎない。つまり、適度なパワーが満ちているのである。

かつて「色の白いは七難《しちなん》隠す」といわれたが、「成長は七難隠す」といえる。上昇気流に乗っているとき、私たちの心は安定している。ならば心が不安定になったとき、上昇気流を探せばよいということだ。とはいえ、前向きな人間ばかり揃った場に身を置くのは、かえってつらい。それは、たとえば松岡修造さんが１０００人集まった会場にまぎれ込んでしまった場面を想像してみればわかるだろう。

その点、本の著者は基本的に前向きだが、書店で何万冊に囲まれても暑苦しくはない。ただ前向きなパワーだけを、立ち寄る人にもたらしてくれる。だからプールのように心地よいのである。

一方、書店には落ち着いた知的な空気も流れているため、調子に乗りすぎたり興奮しすぎたりした心を鎮める効果もある。つまり書店に行けば、どんな心の状態であれ、ある程度中和してくれるわけだ。まして何軒か「ハシゴ」して違う雰囲気を享受すれば、得られるパワーも複合的になる。行く前と比べ、気分はかなり良好になっているのではないだろうか。

その意味でも、書店通いの習慣化には価値がある。日々のなかでは、感情は少なからず揺れ動く。職場にせよ、学校にせよ、あるいは家庭にせよ、生きている以上は良かれ悪しかれ喜怒哀楽がつきものだ。そんな心を落ち着け、前向きな姿勢を保つために書店に行くのである。

そこで様々な本に出会い、「自分はまだまだ」と悟ったり、「世界は広い」と実感したりすれば、自ずと心も晴れてくるはずだ。その日、会社で何があったとしても、とりあえずリセットすることができるだろう。

ちなみに私の場合も、若い頃から「とりあえず書店に寄らなければ帰れない習性」を持っていた。そして第6章で後述するように、本を買ったらすぐに喫茶店に飛び込み、「読みたい」という衝動が強いうちに読み始めるのがパターンだ。これを実践すると、直前までどんな気分だったにせよ、いい感じにメンタルケアされるのである。

◆「総ストレス量」で判断する

だが、なかには「書店になど寄らず、早く家に帰ったほうが落ち着く」と考える人もいるかもしれない。そこで考えてもらいたいのが、「総ストレス量」の問題だ。

社会の一員である以上、私たちはストレスから逃れられない。どんな道を選択しても、結局ついて回る。むしろストレスゼロを目指すと、かえってストレスを溜め込むことになるのである。

たとえば私の場合、つき合いや役職上、大小様々な雑用を頼まれることがきわめて多い。正直なところ、「面倒だな」と思うことも少なからずある。しかし、だからといって断ると、かえって疲れることになる。相手との関係性がズレたり壊れたりすることを心配しなくてはいけないからだ。実際に人間関係がおかしくなると、その後の仕事がやりにくくなるし、それによって周囲の人にまで迷惑をかけるおそれもある。そこまで想像を巡らすこと自体、たいへんなストレスだ。ならば多少面倒な雑用でも、引き受けたほうがストレスは少なくて済む。

ときには関係性を犠牲にしてでも断って、現在抱えている仕事等を優先したほうがいい場合もある。その場合は、現在の仕事を中断するほうがストレスが大きいからだ。要は選択を迫られたとき、最終的なストレスの大きさで判断する。これが、「総ストレス量」で考えるということである。

総ストレスを減らすもう一つのポイントは、一度決めたら迷わないこと。「これによって総ストレス量は減る」という確信があれば、比較的小さなストレスを受け止める覚悟もできる。むしろそれをストレスと感じないかもしれない。

それはちょうど、スポーツ選手の発想と同じだ。彼らにとって、いい成績を出せないことこそ最大のストレスだ。それを減らしたいと思うからこそ、日々の厳しい練習に耐えられるのである。

ビジネスパーソンの場合、この判断はもう少し微妙だろう。たとえば上司に飲みに誘われたとき、「YES」と答えて2~3時間を耐え忍ぶストレスと、「NO」と答えて翌日以降の関係がギクシャクするストレスのどちらが大きいか。自分のキャリアはもちろん、上司の人望や将来も見据えて「総ストレス量」を勘案する必要がある。

話を書店通いに戻そう。確かに余計な寄り道などせず、早く家に帰ったほうが、その分だけ早く息抜きできるだろう。一見すると、その時点で感じるストレスはかなり小さいように思える。

だが問題は、家で何をするかだ。ただボーッとしているだけだとすれば、かえって疲れる。何も考えていない分、気になることや過去の嫌な出来事などがフラッシュバックのように頭に浮かんだりするからだ。

そういう事態を避けるためには、むしろ頭を他の思考で埋め尽くしたほうがいい。家にいるなら、映画のDVDを見たり本を読んだりするのも一つの方法だ。「総ストレス量」はずっと軽減されるだろう。

しかし、さらに軽減するには、もっと強い刺激を得ることだ。その手軽な方法が、帰宅前の書店通いなのである。前述したとおり前向きな空気が満ちているし、個々の本には生きていくうえで必要な様々な知恵や処方箋が記されている。不安や後悔や嫌悪といったネガティブな感情も、書店から得る刺激によって「上書き」されるのである。

それに、仕事能力の向上という意味でもストレス軽減につながる。読書によって自分の世界が広がったり、アイデアが出やすくなったりするからだ。それによって周囲からの期待値が高まれば新たなプレッシャーも生まれるが、仕事がうまくいかないストレスのほうがずっと大きいはずである。

◆書店でできる「集中力トレーニング」

書店には、集中力を高める効果もある。瞬間的に、大量の本と出会うからだ。

普通の感性を持っていれば、そのうちいくつかのタイトルに興味をそそられ、手に取ってみたくなる。だが最初から読むのは面倒くさいし時間もないので、できるだけ短時間で内容を推し量ろうとする。

レベルは自分に合っているか、自分が面白いと思えることが書かれているか、買って読むだけの価値はあるか等々の吟味を、誰に教わることもなく、1冊につきせいぜい1〜2分でこなしているわけだ。

これを10冊程度行うとすれば、ざっと10～20分は脳がフル回転することになる。もはや「荒行」に近いが、書店では自然にできてしまう。とんでもない集中力トレーニングを平気で実践しているのに等しいのである。これを毎日行ったとすると、きわめて高速な情報処理能力が身につくに違いない。

私自身、ずっとこれを実践してきた。ざっと計算して数万冊の本を書店でチェックし続けてきたことになる。おかげで今では、パラッと読むだけでほぼ一冊全体を把握できるという境地に達している。

これは私の地《じ》アタマによるものではない。あくまでも長年のトレーニングによる成果である。したがって、誰でも同じ境地に達することはできるはずだ。それも本を素早くチェックできるだけではなく、様々な場面で応用がきくのである。

たとえば仕事上で、資料や報告書等を読む必要に迫られることはよくある。なかには分厚くて面倒なものもあるだろうが、それを短時間で制覇できればラクだし、周囲に解説してあげれば感謝されるはずだ。あるいは日常でも、新聞・雑誌やネット上にあふれる長文記事を要領よく把握できれば、情報収集能力は格段に増すに違いない。

そしてもう一つ、集中力の高まりは、邪念を振り払うことにもつながる。先にも述べたとおり、人間の脳は考えることをやめたとたん、不安や後悔といったネガティブな感情を持ち出してくる。むしろ何かに集中したほうが、エネルギーは使うが心は落ち着くのである。つまり「総ストレス量」を減らすことにも貢献するわけだ。

しかも、継続的に実践してみればわかるとおり、「トレーニング」とはいえ苦痛をほとんど感じない。本代以外は「授業料」も不要、鬼コーチもいないし宿題やテストを課されることもない。それでいて効果は抜群で、知的な刺激も得られるし、ストレス軽減にもなる。もはや、実践しない理由を見つけるほうが難しいのではないだろうか。

第5章のポイント

◎短時間でリラックスしたければ、書店に駆け込むのがベスト
◎つらいときこそ、本である
◎書店は「気づき」をもたらしてくれる
◎何万冊もある本は、ただ前向きなパワーだけをもたらしてくれる
◎調子に乗りすぎたり興奮しすぎたりした心を鎮める効果もある
◎本を買ったらすぐ喫茶店に入り、「読みたい」衝動が強いうちに読み始める
◎ネガティブな感情も、書店から得る刺激によって「上書き」される
◎書店には、集中力を高める効果もある

第6章

本への投資を惜しんではいけない

◆1世帯が本にかけるお金は1ヵ月1000円！

左記の新聞記事を見て、私は愕然《がくぜん》とした。

〈総務省の家計調査によると、2011年の1世帯あたりの書籍・雑誌・週刊誌の購入額合計は前年比4・1パーセント減の1万3725円だった。前年割れは3年連続。この間の減少額は1713円となり、週刊誌なら4冊以上買わなくなった計算だ。（以下略）〉

（日本経済新聞2012年4月10日付）

年間で1万3725円ということは、月々1000円強でしかない。しかも1世帯で、雑誌も含めてこの額となると、本はほとんど買っていないに等しい。せいぜい1ヵ月に1冊といったところだろう。

もはや、日本の読書文化は消え失せたのかもしれない。このままでは、書店が街中から姿を消すばかりではなく、日本そのものがつぶれてしまうのではないか。そんな恐怖にも似た不安を抱かずにはいられない。

書籍・雑誌・週刊誌への1世帯あたりの年間支出金額

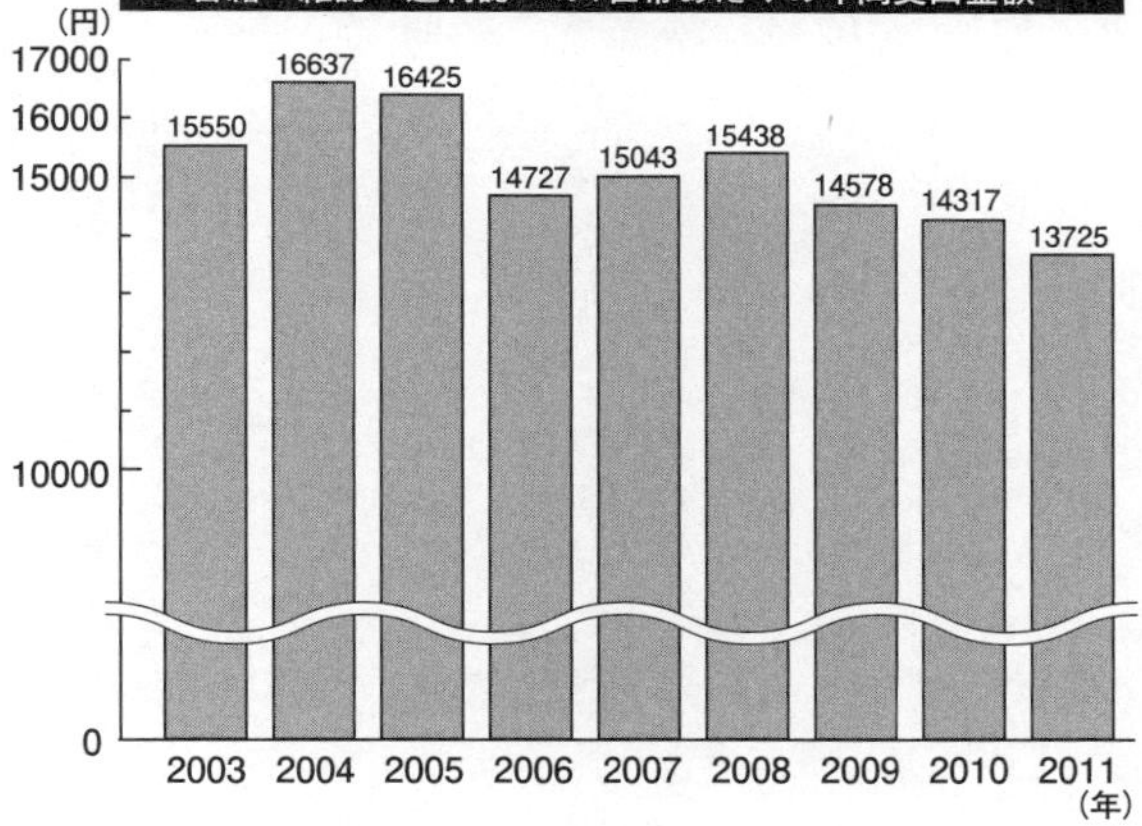

2008年以降、本の購入金額は毎年減少している　（総務省家計調査より）

私は大学で、本を読ませる指導も行っている。1週間に5冊読み、内容について全員の前でプレゼンしてもらうのが定番だ。それも放っておくと文庫の小説に偏《かたよ》ってしまうので、主に新書を選ぶよう指示している。

普段新書になじみのない者、まして本を読む習慣のない者にとって、「週に新書5冊」は大変な重荷だ。当初、不安におののく彼らの表情を見るのも、私の楽しみの一つである。

だがこれを無理やりに実践し、読書の習慣を身につけると、彼らの意識レベルは見違えるように高くなる。それは、本の内容に感化されたからとか、知識・情報を身につけたからではない。本を読むという行為自体によって、「自分は今まで何をやっていたのだろう」という意識が目覚めるのである。

この傾向が特に顕著なのが、2年生以上の学生だ。彼らはときどき1年生主体の授業に加わり、「1週間に5冊読む」課題にも取り組むことがある。その後に感想を求めると、「1年生のときに受けておけばよかった」と後悔の念を書いてくる者が少なからずいる。読書の面白さに目覚めるとともに、それまでの大学生活を振り返り、「ムダに過ごしてしまった」という思いに駆られるらしい。

学生なら、こうして本に出会う機会がある。あるいは勉強以外でも、仕事上のヒントを得るためとか、子育ての方法について知るために読み始める人もいるだろう。それをきっかけにして、読書の習慣が身につくこともある。

だがそういう機会もないとすれば、ヘタをすると一生ほとんど本に触れずに過ごしてしまうかもしれない。それは知的な刺激を受けず、意識レベルも低いままで、向上心も持てない状態を意味する。そういう人が増えてしまったとしたら、日本の将来は限りなく暗いだろう。

◆本を買って「攻め」の姿勢をつくる

職業柄、私の蔵書は万単位に達している。費やした金額も並たいていではない。それを自慢に思うことはまったくないが、ここまで揃えるために書店に通った回数と滞在時間だけは、ちょっと誇りたくなる。おそらく書店における「累計滞在時間」は、全世界60億人のなかでもトップクラスなはずだ。

気がついたらそうなっていたわけではない。大学入学のために東京に出てきた当初から、そうもくろんでいた。背景にあるのは、父の教えだ。

地元の商業高校を卒業した父は、やはり大学進学のために初めて上京した。そのとき、神保町の古書店街を知って相当なカルチャーショックを受けたらしい。以後、足しげく通っては好きな本を探し回ったり、貴重な本に出会って刺激を受けたりしたという。そんな経験があるせいか、私が上京する際にも、「まずは神保町に行け。本代に糸目はつけるな」と言ってくれたのである。恵まれていたことは間違いないが、私はその教えを忠実に実践したわけだ。多くの学生がそうであるように、東京に出てきた当初は、やがて日本を背負ってやろうぐらいの気概に燃えていた。加えて私の場合、生半可な読書量で「立身」しようと考えるのは甘すぎる、とも思っていた。

だから上京早々から、本を買うために使ったお金は最低でも月々2万円。一介の学生にとっては大金だが、この額を下回るようなら東京に出てきた意味がないと、悲壮な覚悟で本を買い続けた。たとえ生活が苦しくなっても、あるいは食費を削ってでも、この方針は変えなかった。むしろ最初に金額を設定することで、読書量の減少を防いだのである。

そんなに買って読み切れるのか、と思う人もいるかもしれない。だが、そもそも本は必ずしも読み切る必要はない。詳しくは後に述べるが、まずは買って手元に置いておくことが重要なのである。

それに現実問題として、本と読者の関係は当時も今も「一期一会《いちごいちえ》」だ。読みたいと思う本が、いつまでも書店の書棚に収まっている保証はない。良書だからといって版を重ねるとも限らないし、むしろ早々に絶版になる可能性もある。特に昨今は出版点数が膨大だから、この傾向が顕著だ。今買っておかなければ、もう永遠に出会えないかもしれない――そんな危機意識が、私の購入意欲を刺激したのである。

そしてなにより、月々2万円以上も払うことによって、「攻め」の姿勢を維持することもできた。アスリートが膨大な練習量をこなして体に動きを覚えさせるように、膨大な読書で脳を鍛え、自分に自信をつけさせたのである。

もっとも、これほど読書に勤《いそ》しんだのは私だけではない。私の周囲にも、生活でもっと苦労しながら、なお相当の読書量をこなす者はいた。あるいは戦前の学生も、切り詰めた生活のなかで本を読みあさることが矜持《きょうじ》だった。

彼らに比べれば、学生を含めて今の人が本を買うことはずっと容易なはずだ。もちろん個々人に事情はあるだろうが、ケータイに月々高い料金を払う力があるなら、もう少し本も買えるのではないだろうか。

だいたい、本の値段は高くないし、ほとんど値上がりもしていない。ハンバーガーのセット料金で文庫が買えるし、ラーメン１杯分で新書が買える。一度の飲み会分のお金があれば、単行本の数冊は買えるだろう。別に「メシを抜け、飲みにも行くな」などと言うつもりは毛頭《もうとう》ないが、費用対効果を考えるなら、本ほど安いものはないのである。あとは、本人の知性と心がけの問題だ。

◆文化を買い支える気概を

ところが周知のとおり、出版業界の売り上げは年々減少傾向にあり、街の書店は次々と姿を消している。一説によると、大型書店の坪当たりの売り上げは、家電量販店の数分の一だという。これでは、消えていくのも無理からぬところだ。

かつてなら、私のような学生たちが貧しいながらも買い支えていた。あるいは教員たちも、勉強のために人一倍買っていた。だが、そういう読書文化も今は心許《こころもと》ない。このままでは、出版業界はますますジリ貧になるだけだろう。

これは、社会全体の問題でもある。本や雑誌が売れなければ、出版社の取材能力・出版能力が落ちる。それによって活字文化のレベルが下がることは、文化レベルの下落を意味する。

すでにテレビのワイドショーのニュースコーナーといえば、新聞を読み上げるだけのスタイルが定着した。おかげでニュース自体がきわめて平板な印象になっている。あるいはドキュメンタリーやバラエティにしても、本や雑誌を元ネタにして企画を起こすことがよくある。その根本が弱体化しているとすれば、いい番組になるはずがない。

その結果、便利で無料のネット情報だけが隆盛を誇るようになる。今まで本や雑誌の書き手だった人も、当たり前のようにネットを使って発信している。それらのテキストは出版社を通さない分、たとえ有料だったとしても本や雑誌よりずっと安価なことが多い。いわゆる「中抜き」がないからで、書き手にとっても読者にとってもメリットが大きいように思える。「情報が無料《タダ》なのはすばらしい」と思う人が多い。

だが、本当にそうだろうか。書き手は編集者という「つっかえ棒」がいなくなった分、より自由に書くことができる。しかし、それによって品質が上がるとは限らない。本や雑誌は、書き手と編集者の共同作業によってつくられている。書き手が自分の世界観を表現しようとする一方、編集者がマーケットを見据えて誘導や修正を図《はか》るといった具合だ。それを放棄すると、結局書き手の独りよがりな作品になりがちなのである。

実際のところ、作家にしろ漫画家にしろ、ある程度売れただけで「天狗」になり、編集者の言うことを聞かなくなって自滅したケースは少なからずある。ネットでは、それがもっと低いレベルで顕在化するわけだ。たとえ安価で売り出しても、商品として成り立たないだろう。

それに、パブリシティや信用度の面でも、弱体化しているとはいえ個人よりは出版社のほうが強い。結局ネット発信では、一人二役をこなせるような高い能力を持った人を除いてビジネスとして軌道に乗せることは難しいだろう。

だとすれば、そこには才能も集まらない。書く仕事はますます「片手間」となり、身辺雑記レベルのブログだけが増えていく。社会全体の取材能力は落ちる一方だ。

確かに現状において、本や雑誌のレベルもそれほど高いとはいえないかもしれない。むしろ、おびただしい量の出版点数を「粗製濫造《そせいらんぞう》」と揶揄《やゆ》する声も少なからずある。だが、これほどハードルが低く、点数が多いからこそ、ある意味で才能の発掘につながっていたともいえるのである。

作家や芸能人のみならず、学者、各界の専門家、スポーツ選手、料理人、それにちょっと特殊な経験や発想の持ち主など、「著者」の範囲はきわめて広い。その背景には必ず編集者がいて、なんらかの社会的価値を認めたから本になったわけで、ここがブログとは大きく違う点である。

実際、出版を契機として広く世に名を知られ、活躍の場を広げた人は無数にいる。そんな、人材発掘業のような役割を果たしてきた出版文化を衰退させてしまうのは、あまりにも惜しい。社会全体で支えようという発想がもっとあっていい。それには私たちが積極的に本を買うしかないのである。

◆自宅に本を並べると、背表紙が訴えかけてくる

お金を出して買わなくても、必要なら図書館から借りればいい、という人もいるかもし

れない。だが、買うのと借りるのとでは大きな違いがある。

まず買うとなると、選び方が真剣になる。一度に何冊もというわけにはいかないだろうから、より自分に合った一冊を求めて、時間の許す限り何冊も手に取りながら中身を吟味するはずだ。そのプロセスにおいて、すでに知識・情報の吸収力が違ってくるのである。

それに、本は自宅の書棚に並べておくことにも意味がある。前にも述べたが、カバーデザインや紙の質、厚さまで含めて、それぞれ独自の世界観を形成しているからだ。

たとえば以前、拙著『軽くて深い井上陽水の言葉』（角川学芸出版）を出したときのこと。カバーのデザインを担当された寄藤文平《よりふじぶんぺい》さんは、たった1点のイラストを選ぶために、50点前後もの候補作を描かれたそうである。一冊のカバーにも、それだけの労力がかけられているのである。

そのパワーは、伝わる人には伝わる。後日、あるテレビ番組で陽水さんのお嬢さんである依布《いふ》サラサさんとお会いした際、この本をたいへん褒《ほ》めてくださった。ただし、とりわけ絶賛されたのは中身ではなくカバー。「ずっと見ていたい」「ずっと持っていたい」とのことだった。「それは私の仕事じゃないけれど……」と思いつつ、厚く御礼申し上げたものだ。

それはともかく、カバーは本の顔である。ある程度読んで印象に残ったのなら、それを見るだけで内容を思い出すことができる。そのたびにいい気分になれるし、著者との距離が縮んだような感覚にもなれる。あるいはまだ読んでいないのなら、たとえ書棚に入れても背表紙が「早く読め」とプレッシャーをかけてくる。自宅にあってこれほど存在感を放つものは、他に例がないだろう。

この感覚は、図書館で借りた本ではとても味わえない。返してしまうと、読んだ記憶さえ遠のいてしまうかもしれない。読書の価値が半減してしまうわけだ。

しかも、買って書棚に並べるのが1冊ではなく数百冊にでもなれば、そのパワーたるや尋常ではない。自宅にいながら、カオスのような刺激を受け続けるわけだ。これが日々のモチベーションや心の安定に、少なからず寄与するのである。その豊かさを知れば、とても「捨ててしまおう」とか「古本屋に売ってしまおう」とは思わないはずだ。

この観点で考えるなら、昨今売り出し中の電子書籍についても、一抹の危惧を抱かずにはいられない。文字情報だけになると、本の存在感は消える。そうすると、内容に対して抱く印象も変わってくるはずだ。

たとえば夏目漱石の作品にしても、布貼りの『漱石全集』で読むのと、端末に一編だけダウンロードして読むのとでは、記憶の定着率がまるで違ってくる。便利なようでも、記憶に残りにくければ微妙だ。

では、漱石の一編を読むために費やした時間はなんだったのか、という話になる。そこから、「読んだけど記憶に残っていない」→「読むだけムダ」→「本なんか買わなくていい」となって、ますます読書の習慣が消える悪循環に陥りかねない。

膨大な量をダウンロードできるなど、電子書籍のよさもある。紙と電子書籍の合理的併用の時代が来るだろう。

ちなみに紙の本の競合相手は、実際には電子書籍ではない。ネットでアクセスできる無料の音楽や映像やニュースなどだ。そこに時間が割かれる。友達とのSNSにも膨大な時間が費やされる。「時間のダイエット」により、読書の時間を確保する意志が必要な時代だ。

◆買った本はただちに「さばけ」

というわけで、本はできるだけ多く買うことを推奨したい。そして本を買ったら、ただちに近くの喫茶店に飛び込み、読み始めるのが私のスタイルだ。

買った本を読みたいと最も強く思うのは、買った直後である。お金を払った分、モトを取らねばと燃えているはずだ。そのモチベーションを逃す手はない。逆に、買っても読まずに放置した場合、買ったことさえ忘れて部屋の隅に積まれてしまうこともある。「いつか読むだろう」の「いつか」は来ない、と肝に銘じるべきだろう。こういうムダをなくすためにも、間髪を容《い》れずに読み始めたほうがいいのである。

それはちょうど、釣った魚をその場で3枚にさばいて天日干《てんぴぼ》しにしておくような感覚だ。そこまでしておけば、とりあえず腐らせることはないし、後でいつでも食べられる。本に対しても、その作業を喫茶店で終えておくのである。

なぜ喫茶店かといえば、本との相性が抜群にいいからだ。自宅でも読めないことはないが、そこにはテレビもパソコンもあるし、家族もいる。そのため、なかなか本に集中しにくいのである。

その点、喫茶店には椅子とテーブルとコーヒー等だけがあり、余計なものは何もない。雑然とした客の出入りやBGMによる適度な騒々しさも、かえって心を落ち着かせてくれる。いわば、本をさばくための道具が揃っているのである。むしろ読書習慣のない人こそ、まずは喫茶店で読んでみることをおすすめしたい。

ちなみに私は、原稿を書く仕事も主に喫茶店で行っている。自分でも不思議だが、自宅や研究室にこもって書くより、ずっとはかどるのである。

あるインタビューによると、あの売れっ子作家の伊坂幸太郎さんも、ほとんど喫茶店で仕事をしていると答えておられた。毎日出勤するように通っているそうである。私の経験から察するに、喫茶店の適度な開放感が、書く作業の苦しさをまぎらわせるのにちょうどいいのかもしれない。

◆1冊は10～15分でさばける

では喫茶店で、買ったばかりの本をどうさばくか。

まず重要なのは、最初のページから順番に読む発想を捨てること、そして1冊につき、せいぜい10～15分で終わらせること。それには、気になる部分だけピックアップして読めばいいのである。3冊買ったとしても30～40分程度でケリがつく計算だ。

本を最初から読むのは、最後まで読み通すことが前提になる。確かに無限に時間があるなら、それも可能かもしれない。だが人生におけるあらゆることがそうであるように、途中で行き倒れるのが常だ。

知識も情報も日々更新されるなか、いつまでも一冊とつき合っていられないし、単純に飽きてしまうこともある。「買って損した」という思いを募らせて、ますます本を買わなくなるおそれもある。その挙げ句、やはり人生同様、行き倒れた先にこそ本当においしい「お宝」が眠っていたりするのである。

もちろん、小説なら最初から読まなければ文字どおり話にならないが、本は小説だけではない。たとえば新書や選書などは、なんらかの知識や情報や考え方を得るために読むはずだ。ならば、読む前にある程度焦点を絞り、他はバッサリ捨てるぐらいの覚悟を決めたほうがいい。

具体的には、まず目次を見て、気になる項目をチェックする。10～15分しかないと仮定すれば、読める項目はせいぜい2～3個に限られるだろう。それが冒頭に並んでいる保証は、どこにもない。

当然ながら、この読み方はいわゆる「速読」ではない。一冊丸ごと、1ページを3秒程度で読み通すのが「速読」だとすれば、「ピックアップ読み」はそもそも読み通すという発想を持たないのである。あくまでも一部分だけをセレクトして、そこを普段のペースで読むだけだ。

そのうえで、3色ボールペンの活用を推奨したい。チェックした項目を読んで、基礎知識として重要と思われる部分を「青」、最重要と思われる部分を「赤」、個人的に面白いと思う部分を「緑」で、それぞれ線を引くなり囲むなりするのである。さらにページの角を折っておけば、後で見返す際にも便利だ。いずれも、適当で構わない。大胆に「汚す」ことで、イメージを脳に刻み込むのである。

買ったばかりの本に書き込むのは抵抗があるかもしれないが、これは所有者にしかできない特権だ。私の感覚でいえば、むしろ本は何かを書き込んでこそ自分のものになる。買ったかいが生まれるのである。

当然ながら、書き込んだ本は商品としての価値がなくなるから、古書店で売ることはできない。その分だけ損するようにも思えるが、実はそうではない。

漫画本を除いた一般的な本の場合、古書店で買い取ってもらえる額は、どれほど新品同様でも定価のせいぜい1割程度。お金にこだわるなら、その時点で9割も損するわけだ。つまり古書店に売ること自体、経済効率はけっしてよくないのである。

一方、書き込めば脳への吸収度は高まるし、自宅の書棚に入れておけば、前述の「背表紙効果」も期待できる。それらのメリットのほうが、定価の1割よりずっと大きいのではないだろうか。

◆読んだ内容を1分で説明してみよう

そこで問題は、どういう状態になれば「さばけた」といえるのかだ。魚ならさばけた状態は誰の目にも明らかだが、本の場合はそうもいかない。

その基準は、大きく二つある。一つは、その本から刺激を受けたと実感できること。「へぇ〜」とか「そうだったのか」と思える部分があれば、読む価値があったことになる。「赤」や「緑」でキーワードを大きく囲ったり、「!」を書き込んだりしておけば、より印象に残るだろう。

ただし、これはあくまでも主観的なもので、本当にうまくさばけている保証はない。わかったような気になっているだけで、実はよく理解していないこともよくある。それを確かめるために有効なのがアウトプット、つまり本の内容を人に話してみることだ。スムースに話せれば、自分の血となり肉となったことを意味する。これが二つ目の基準だ。

前にも述べたとおり、私は大学で1年生を対象に、1週間に5冊読むという課題を出している。それだけでは面白くないので、読後に内容を1冊につき1分、計5分ずつ全員の前で発表してもらうのが常だ。

こういう課題を前提とすると、読み方を工夫せざるを得なくなる。じっくり読んでいて

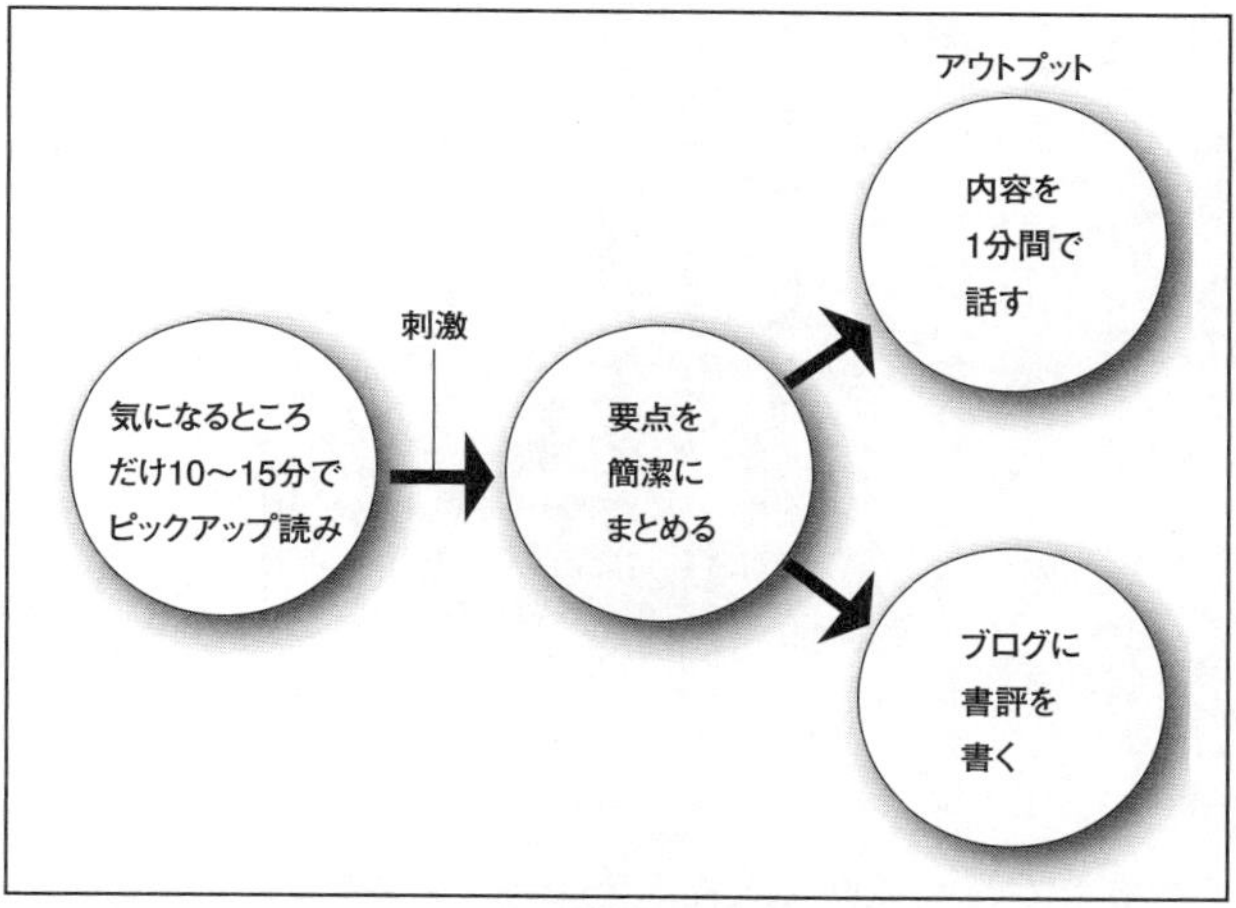

うまく「さばけた」かどうかは、内容を人に伝えてみればわかる

はとても間に合わないので、最初から大事なところに焦点を絞って読むことになる。結果的に、一冊に時間をかけずにさばけるようになるのである。

学生ではなくても、この方法は応用できるだろう。本に限らず、面白い話を仕入れたら、とにかく相手を見つけて話したくなるものだ。だが、話す以上はそれなりの論理性や筋立てが必要であり、できれば「オチ」もほしい。それに、よほど相手がお人好しでもなければ、そう長々とは聞いてもらえない。酒飲み話にしても、せいぜい1分で完結させるのがマナーであり、優しさである。そのためには、事前に要点を簡潔にまとめなければばならない。

本のさばき方についても、そんな感覚で充分だ。これができるということは、中身がよくわかっている証拠である。

あるいは適当な話し相手が見つからなければ、ブログを立ち上げて書評のように書くという手もある。その際も、生真面目に対象の本を最初から最後まで読む必要はない。やはり自分が面白かったと思う一部分について、熱く語れれば充分である。

その際、たとえ解釈が著者の意図とズレていたり、何か思い違いをしていたとしても構わない。国語のテストではないのだから、「自分はこう思った」という観点で堂々と主張すればいいのである。それを聞いたり読んだりした人がなんらかの指摘をしてくれれば、それもまた一興だろう。

ただ唯一気をつけるべきは、無意味な誹謗・中傷にならないようにすることだ。意見の合わない本に巡り合うことは多々あるし、批判したくなる気持ちもわかる。それが建設的ならまだいいが、ろくに読みもせず、単に「嫌い」という感情論に終始したり、悪意に満ちていたり、自己主張したいだけだったりする。これは自らの無知をさらすだけの、恥ずべき行為でしかない。

◆年間100冊の「さばき」を目指せ

1冊を10～15分でさばけるとしたら、読書量は格段に増えるはずだ。実は、これも重要なポイントである。

「本は最初から最後まで読破しなければならない」と考えていると、必然的に冊数は増えない。知識・情報の幅も広がらないわけだ。もちろん、深くつき合うほどに味が出るような本もあるが、基本は何股でも「浮気」しまくることをおすすめしたい。これこそ、本との真に有益なつき合い方だ。

そこで、まずは年間100冊をさばくことを目標にしていただきたい。もちろん、書店で買うことが前提条件だ。できれば新刊書店で、と言いたいところだが、金銭の負担が大きければ古書店でも構わない。ネットやケータイにかけている費用を考えれば、本代として月々5000円、年間6万円ぐらいはかけられるのではないだろうか。

これだけの冊数を読むとなると、さすがに同じ分野やテーマの本ばかりというわけにはいかない。今まで興味のなかった分野にも手を伸ばすことになる。また、それを容易にしてくれるのが、書店という空間だ。

つまりこれは、知性のトレーニングでもある。これぐらいの量をこなし、幅を広げなければ知性はキープできない。そんな甘いものではない。

その結果、自宅の蔵書も次第に増えていくだろう。私が普段、学生に強く求めているのは「1000冊単位で持て」ということだ。10冊しか持たない人、100冊単位で持つ人、そして1000冊単位で持つ人とでは、精神の豊かさがまったく違ってくる。そこまで増やすにはお金もかかるし、部屋の一角も占拠される。しかし、それを補って余りあるメリットを享受できるわけだ。

これは自己満足という意味ではない。幅広い分野についてある程度の教養を持っていれば、誰とでも知的な会話がしやすくなる。私たちの人間関係は、その大半が会話によって成り立っている。それを知的に楽しめることは、本人にとって快感だし、コミュニケーションの輪を広げることになるし、周囲の自分に対する評価を高めることにもなる。それが、精神の安定につながるのである。世の中がどれほど移り変わっても、この原則は変わらない。

たとえばフランスでは異性を評価する際、知的な会話を楽しめるかどうかが、見た目以上に重要な基準になっているという。日本ではそこまでシビアに求められないが、確かに見た目重視でつき合い始めても、その後の会話が続かなければ間が持たない。少しでも長く気を惹きたければ、知性を磨くしかないのである。

そしてもう一つ、自宅に本が多いということは、子どもの教育にもきわめていい影響を及ぼす。子ども自身がその本に手を伸ばさなかったとしても、親が本から知性を学んでいれば、それは日常会話や日常生活に滲《にじ》み出る。子どもはその影響を受け、労せずして相応の知性を身につけるのである。

逆に本棚のない家庭で育った子どもの場合、知的になれといっても難しい。どれだけスパルタ式の勉強を強《し》いても、立派な塾に通わせても、伸びる知性には限界がある。家庭内の知的レベルが、子どものほぼすべてを決めてしまうからだ。

いささか極端な例だが、以前、精神科医の岡田尊司《たかし》さんと対談させていただいたとき、「少年院にいる子たちのなかに、読書経験のある子はほとんどいない」という話を伺った。彼らは少年院で初めて読書の指導を受け、「先生、本って面白いね」と口々に言うそうである。様々な事情を抱えてそこにいるのだろうが、もし彼らが事前にもう少し本を読む機会に恵まれていたら、まったく違う道を歩んでいたに違いない。

◆書棚を「編集」して「自分探し」の旅へ

自宅の本が数百冊になると、新たな楽しみが生まれる。その本を書棚にどう並べるか、ということだ。一時期、よく「自分探し」という言葉が使われたが、書棚ほど自分を「発見」できるツールはない。

最もオーソドックスなのは、書店を見習ってレーベルごと、もしくは文庫・新書ごと、単行本ごとに揃える並べ方。これなら見栄えもいいし、探すときも便利だ。几帳面な人にはピッタリだろう。

だが、基本的に自分しか見ないのなら、もう少し工夫してもいい。「整理する」ことより、「編集する」ことを優先するのである。

私は高校生の頃まで、本の形・大きさにもジャンルにも関係なく、とにかく読んだ順番に並べていた。その書棚を見れば、自分の興味・関心の変遷《へんせん》が一発でわかる。あるいは、どれか一冊の背表紙を見るだけで、その本を読んだ当時の情景まで思い出せる。いわば「自分史」が自然に上書きされていくような感覚で、それ自体が楽しみだった。

さすがに大学生になると、本が増えすぎてフォローできなくなったため、この方法は泣く泣く放棄した。だがまだ蔵書が少ない人なら、試してみる価値はあるだろう。次にどんな本を読みたいか、その方向性を示してくれるメリットもある。

もう少し本が増えてきたら、ジャンルごとに分けるのがおすすめだ。といっても、書店

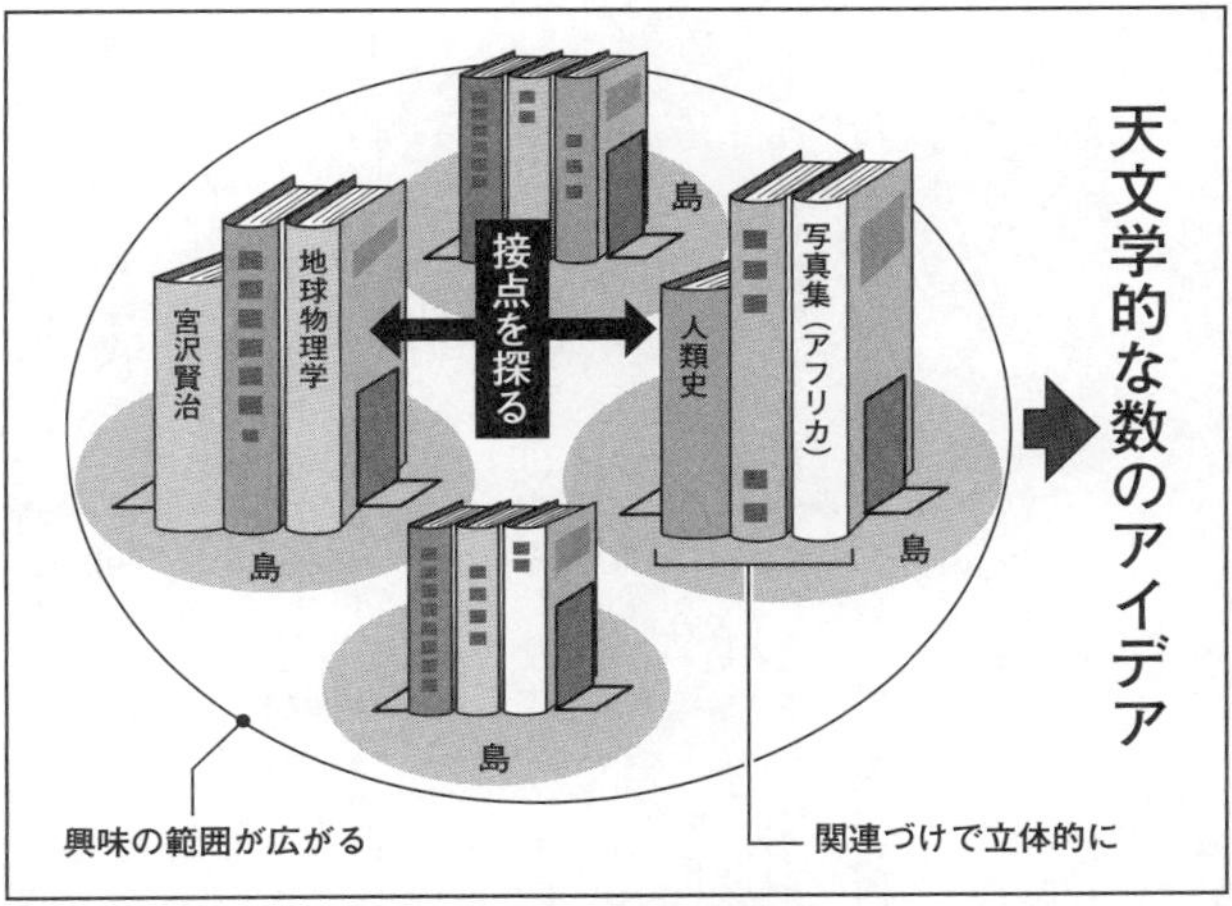

書棚に「島」をつくり、その接点を探れば、無数のアイデアを生み出せる

や図書館のような分類にしたがう必要はない。たとえば、ある本に触発されて別の本を読んでみたり、その本の中で紹介されていた本を買ったりすることはよくある。いわば「芋づる式読書」だが、それらの本を一ヵ所に結集させておくのである。

人によっては、宮沢賢治の小説と地球物理学の本が並ぶかもしれないし、アフリカの写真集と人類史の本が並ぶかもしれない。自分なりの「流儀」にしたがってまったく自由に集めるからこそ、面白いのである。

こういう「島」があれば、それぞれの本の関連づけによって知識はより立体的になるし、記憶にも定着しやすくなる。英単語や年号の丸暗記より、長いセリフや論述のほうが覚えやすいことと同じ理屈だ。

「島」がいくつもできる人は、それだけ興味の範囲が広いことを意味する。それぞれの本の量によって、興味の度合いもわかる。忘れかけた小さな「島」でも、書棚を見れば好奇心が再燃するかもしれない。まさに、「自分探し」にピッタリではないだろうか。

さらにいえば、それぞれの「島」の接点を探ってみたり、適当に一冊ずつピックアップして無理やり関連づけてみたりするのも面白い。これは、アイデアを生む王道のプロセスそのものである。本の数だけ組み合わせるとすれば、アイデアは天文学的な数になるだろう。

そんな書棚を日々見つめ、ときには本を並べ替えたりする生活が、豊かでないはずがない。だから、本はおおいに買って手元に置くべきなのである。

第6章のポイント

◎本は最初から最後まで読み切る必要はない
◎費用対効果を考えるなら、本ほど安いものはない
◎一冊を選ぶプロセスにおいて、すでに知識・情報の吸収が行われている
◎気になる部分だけピックアップして読めば、1冊10~15分でさばける
◎本は何かを書き込んでこそ自分のものになる
◎理解したかを確認するには、内容を人に話してみればいい
◎幅広い分野について教養を持てば、誰とでも知的な会話ができる
◎書棚ほど自分を「発見」できるツールはない

終章

分水嶺の時代

◆読者が増えなければ、才能ある書き手は集まらない

もう10年以上前の話だろうか。中国に駐在していた人が都市部の書店で、若者がよく「座り読み」をしていたと話してくれた。お金はないが本は読みたい、だから書店で読み込んでやれ、ということらしい。

一見すると、だらしない光景のようにも思える。少なくとも、同時代の日本の若者はけっしてしなかったはずだ。だが駐在氏はその様子を見て、「この国には未来がある。やがて日本は追い抜かれるだろう」と確信したという。予言どおりGDP(国内総生産)で中国が日本を逆転したのは、2010年のことだった。

確かにその国の向上心は、書店を見ればわかる。「座り読み」するかどうかは別として、若者がどれだけいるか、どんな本を熱心に読んでいるかは、将来の国力を示すといっても過言ではない。

たとえば大型書店の理工系のフロアに誰もいなければ、科学技術立国日本の維持は難しい。洋書コーナーがいつも空《す》いているようでは、国際化はまだまだということになる。そもそも途方もない知識の宝庫があるのに、そこに興味を示す人が少ないこと自体が不健康だ。

書店に人が集まらなくなれば、書店も出版社も維持できない。すると出版業界に才能が集まらなくなる。ジャーナリズムにせよ、文芸にせよ、どれほどがんばって書いても生活が成り立たないのであれば、誰も執筆を続けられない。

その兆候は、すでに純文学の世界で表れている。かつて日本は「文芸大国」だった。川端康成や大江健三郎さんはノーベル文学賞を受賞したが、他にも谷崎潤一郎や三島由紀夫、安部公房《こうぼう》など、ノーベル賞に肉迫する優れた作家が数多くいた。それは彼らの才能もさることながら、多くの読者が彼らの作品をこぞって読み、いわば経済面で支えていたからだ。

だが今、純文学で売れる作家はほとんどいない。「もはや純文学の時代ではない」といわれればそれまでだが、読者の分母が減ったからいい書き手が消えたともいえる。このあたりは「ニワトリと卵」の議論である。

だいたい純文学の場合、いい作品を単行本で出そうと思えば、せいぜい年間で1〜2冊書くのが限界だろう。それが定価1500円で1万部売れても、印税率10％として1冊の収入は150万円にしかならない。2冊でも年間300万円。生活できないことはないかもしれないが、家族も養うとなるとかなり厳しい。ならば違う分野で才能を使おうと考えたとしても、不思議ではない。

これが、たとえばコンスタントに3〜5万部も売れるようになれば、かなり事情は違ってくる。「自分も書いてみよう」と思う人が続々と登場するだろう。そのなかには才能にあふれる人もいて、大傑作が生まれる可能性もある。

もちろん純文学に限った話ではない。本がもっと売れるようになれば、どんなジャンルからでも新しい書き手が現れるだろう。それが出版社も書店も元気にして、さらに新しい書き手を呼び込んでくれるはずだ。

だがそうなるには、読者の分母が大きくなることが大前提である。書店から人が減っている日本に、そんな時代が訪れるだろうか。

◆2週間の実践で「驚くべき効果」が

かつて日本は、誰もが当たり前のように本を読む国だった。「茶屋の娘が暇さえあれば本を読んでいる」と、幕末に日本を訪れた外国人が驚いたほどだ。欧米では、本はある階層以上が読むものと相場が決まっていたから、確かに奇異に映ったことだろう。

新聞も、どれほど貧しい家庭であっても定期購読するのが普通だった。その意味で、文化水準のきわめて高い社会だったのである。だから精度の高い教育が可能になり、精度の高い仕事につながったわけだ。世界に冠たる企業がいくつも生まれたのも、その成果といえるだろう。

その経営者の方々も、軒並みたいへんな読書家である。誰よりも忙しい日々のなかでも、本を読む時間は必ず確保されている。おそらくそれは、経営者として知識をアップデートするというより、読み続けることで精神が修養されることを知っているからだろう。経営者という立場は、とにかく精神のタフさが要求される。その支えとして、本が欠かせないわけだ。

だが今、「誰もが本を読む時代」とはいえない。原因の一つは、ネットやケータイの普及だ。たとえば電車に乗っていても、本を開いている人はあまり見かけない。最近は新聞を読む人も減り、ほとんどがケータイかスマホを眺めている。

私はもちろん、ネットもケータイも否定するつもりはない。まさに文明の利器であり、これからもますます便利に発展していくことを望んでいる。しかし、これらに時間とお金を吸収され、代わりに本が隅に追いやられているのだとすれば看過できない。

「ケータイ並みに本に親しもう」とまでは言わないが、せめて1日10分、書店通いをしてみていただきたい。序章でも述べたとおり、これが本書の唯一にして最大の提案である。

どれほど忙しい人でも、これぐらいの時間は割《さ》けるはずだ。

おそらく2週間も通ってみれば、意識はまったく変わってくるだろう。巷《ちまた》にあるへたなサプリメントやダイエット法よりずっと効果的で、しかも楽しいはずだ。

多くの人がこれを実践すれば、書店には人があふれ、「誰もが本を読む時代」が半ば強引ながら復活する。それによって書店や出版社や書き手が元気になれば、読者はますます楽しめるようになる。精神修養の手段としても読書が脚光を浴びる。それはとりもなおさず、国の文化水準を引き上げ、国力を高めることにつながるのである。

◆「児童手当」の一部を「図書カード」に

これは国全体にとってプラスの話であり、しかも副作用や弊害はゼロ。反対する人もいないだろう。ならば、国がもっと音頭を取ってもいいはずだ。私には一つ腹案がある。たとえば、全国民に「図書カード」を配布してはどうだろう。

かつて政府は、「地域振興券」や「定額給付金」を国民に配布した実績がある。昨今では「子ども手当」のあり方が話題を呼んだ(現在は「児童手当」)。「生活保護」の制度や支給額を巡る議論も活発だ。いずれも政府が国民に現金または現金に近いものを渡す制度だが、個々の使い道までは定めていなかった。だから、本来なら生活費や養育費に充《あ》てるべきこれらのお金が、人によっては豪華な飲食費や単なる遊興費として使われたりもする。それも経済活性化の一助にはなるかもしれないが、恩恵にあずからない多くの納税者にとっては疑問が残るところだろう。税金を投入するのなら、もっと国全体のレベルアップにつながるような使い方をしてほしいと願うはずだ。

そこで、「図書カード」の配布である。たとえば「児童手当」の支給額のうち、月々5000円分を「図書カード」にする。主に本しか買えないとなれば、子ども自身が書店に足を運ぶようになるだろう。この段階で本に親しんでおけば、大人になってからも読む習慣はついている。そういう大人が増えれば、日本はもっと元気になり、精神的にもたくましくなる。これこそ、真の経済活性化への道ではないだろうか。

今のままでは、読書人口は減り続け、したがって書店も減り続けるおそれがある。あと30年も経てば、現状の形態の書店は消滅し、一種の「文化遺産」として国営の書店がオープンしているかもしれない。「かつて書店が民営だったなんて信じられない」「書店ビジネスが儲かるわけがない」などという時代になるわけだ。

当然、国営書店の経営は赤字続きだろうから、補填《ほてん》のために毎年かなりの額の税金が投入される。良識ある一部の国民は、「どうせ税金を使うなら、あのとき国民に図書カードをバラまいていれば……」と地団駄《じだんだ》を踏むだろう。一方では「書店ムダ論」が湧《わ》き起こり、ますます整理・縮小され……。

少なくとも私は、そういう世界に住みたいとは思わない。多くの方も、私と同じ思いだと信じたい。ならば、今のうちに手を打つ必要がある。「図書カード」の配布はハードルが高いとしても、1日10分の書店通いなら誰でもできる。あるいは周囲の人にそう呼びかけることも可能だろう。

それによって文化水準を引き上げ、日本復活の狼煙《のろし》を上げるか、それともこのまま衰退の道をたどるのか。

衰退しつつある活字文化を復興し、一人ひとりがこの世界を生き抜き、豊かにする。知的体力をつけることができるか。

カギを握るのは身近な書店。

私たちは、そんな分水嶺《ぶんすいれい》に生きている。

著者紹介

齋藤《さいとう》 孝《たかし》

1960年、静岡県生まれ。明治大学文学部教授。東京大学法学部卒業。同大学院教育学研究科博士課程などを経て、現職。専門は教育学、身体論、コミュニケーション論。「齋藤メソッド」という独自の教育法を実践している。主な著書に『声に出して読みたい日本語』(草思社)、『読書力』(岩波新書)、『三色ボールペン情報活用術』(角川oneテーマ21)、『15分あれば喫茶店に入りなさい。』(幻冬舎)などがある。NHK Eテレ(教育)『にほんごであそぼ』総合指導、TBS系列『情報7daysニュースキャスター』レギュラーコメンテーターを務める他、幅広く活躍。

メディアファクトリー新書　058

10分あれば書店に行きなさい

2012年10月31日　初版第1刷　発行
2012年12月7日　第3刷　発行

著　者　齋藤《さいとう》 孝《たかし》

発行者　近藤隆史

発行所　株式会社メディアファクトリー
郵便番号　150-0002
東京都渋谷区渋谷3-3-5
電話　0570-002-001（読者係）
03-5469-4740（編集部）

定価はカバーに表示してあります。

印刷・製本　図書印刷株式会社

ISBN978-4-8401-4859-7 C0204

メディアファクトリー新書　好評既刊

メディアファクトリー新書 015
『働かないアリに意義がある』
長谷川英祐：著

働き者として知られるアリ。しかし彼らの7割は実は働いておらず、1割は一生働かない。また、働かないアリがいるからこそ、組織が存続していけるという。生物学が解き明かした「個」と「社会」の意外な関係。

メディアファクトリー新書 051
『腹だけ痩せる技術』
植森美緒：著

腹が出る、たるむ理由は「姿勢」にあった——！ 腹筋運動なし、食事制限なし。気づいたときに凹ませるだけで、困ったおなかはみるみる引き締まる！ 見た目が5～10歳若返る、驚きの「たったこれだけ」メソッド。

メディアファクトリー新書 059
『1日1回背伸びするだけで人生と体形は変わる』
植森美緒：著

史上、かつてないほど猫背になっている日本人の体。こうした「姿勢の悪さ」が引き起こす体の不調、慢性的な肩こり、腰痛や現代人を悩ませる肥満は、1日1回の背伸びで大きく改善できる。『腹だけ痩せる技術』の著者、待望の第2弾。

メディアファクトリー新書 060
『セクシィ仏教2』
愛川純子・田中圭一：著

「女は特に煩悩が激しい」と仏教では考えられている。「蛇に身を変えて男根にまといつく」「愛欲の果てに老いた愛人を殺そうとする」など、限りない女性たちの業《ごう》を赤裸々に描く、不謹慎な仏教説話集、第2弾！

メディアファクトリー新書 061
『ダイヤモンドは超音速で地底を移動する』
入舩徹男：著

ダイヤモンドは地底200kmでつくられる。この世界一高価な石は特殊なマグマに乗り、わずか数時間で地表まで上昇することが近年判明した！ 長くて短いダイヤの旅を辿ることで、これまでにない地球の姿を知ることができる一冊。

メディアファクトリー新書 062
『苦手な人ほど上手にできる女性の部下の活かし方』
前川孝雄：著

優秀な若い男子はめったに採用できないし、外国人は面倒。とすればいま、管理職の評価は女性部下育成にかかっている。「泣く」し「群れる」し「すぐ辞める」、と女性部下を敬遠しがちな管理職に贈る、女性部下の新しい育成マニュアル。